中華古籍保護計劃

ZHONG HUA GU JI BAO HU JI HUA CHENG GUO

·成果·

元本汲冢周書

（晉）孔晁 注

國家圖書館出版社

圖書在版編目(CIP)數據

元本汲冢周書/(晉)孔晁注.—北京:國家圖書館出版社,2017.5(2024.10重印)

(國學基本典籍叢刊)

ISBN 978-7-5013-6054-3

Ⅰ.①元… Ⅱ.①孔… Ⅲ.①中國歷史-周代 Ⅳ.①K224

中國版本圖書館CIP數據核字(2017)第038971號

書　　名 元本汲冢周書
著　　者 (晉)孔晁 注
責任編輯 林 榮
重印編輯 劉静怡
封面設計 徐新狀

出版發行 國家圖書館出版社(北京市西城區文津街7號 100034)
(原書目文獻出版社 北京圖書館出版社)
010-66114536 63802249 nlcpress@nlc.cn(郵購)
網　　址 http://www.nlcpress.com
印　　裝 河北三河弘翰印務有限公司
版次印次 2017年5月第1版 2024年10月第2次印刷

開　　本 880×1230 1/32
印　　張 7.5
書　　號 ISBN 978-7-5013-6054-3
定　　價 20.00圓

《國學基本典籍叢刊》編委會

《國學基本典籍叢刊》前言

國家圖書館出版社（原名書目文獻出版社 北京圖書館出版社）成立三十多年來，出版了大量的中國傳統文化典籍。由於這些典籍的出版往往采用叢書的方式或綫裝形式，供公共圖書館和大學圖書館典藏使用，普通讀者因價格較高、部頭較大，不易購買使用。爲弘揚優秀傳統文化，滿足廣大普通讀者的需求，現將經、史、子、集各部的常用典籍，選擇善本，分輯陸續出版單行本。每書之前均加簡要説明，必要者加編目録和索引，總名《國學基本典籍叢刊》。歡迎讀者提出寶貴意見和建議，以使這項工作逐步完善。

國家圖書館出版社

二〇一六年四月

序言

《汲冢周書》本名《周書》，也就是今本《逸周書》。《逸周書》七十一篇，其中十一篇有目無書，最後一篇《周書後序》，爲各篇解題，實有内容五十九篇。其中，若干篇衹有數行，有的地方明顯殘缺有脱誤，難以理解。各篇篇目均作『某某解』，學者們普遍認爲『解』字是晉五經博士孔晁作注時所加。《逸周書》的内容，大部分屬於記言文字，少數篇目記事。各篇之間大致按照時間順序排列，但内容相互獨立，文章風格也有明顯差异，或與《尚書·周書》相近，或與《國語》《左傳》類似，整體上屬於文獻彙編性質。各篇均無作者姓名，但有一點可以肯定，既非出自一人之手，也非作於一時，最後編纂成書的時代也不清楚。《太子晉》記事至春秋中期，成書必在此之後。

《左傳》《國語》等先秦文獻多有對《周書》《周志》的徵引，其中有見於今本《尚書》者，也有見於今本《逸周書》者，又有不見於此二書者。據此，先秦時人所謂《周書》或《周志》，未必是編輯定稿的書名，而是對周人之書的泛稱，實際上包括許多單篇文章或若干篇的集合體。衆所周知，很多先秦文獻的書名都是劉向、劉歆父子在整理中秘書時所加。《漢書·藝文志》載《周書》七十一篇，或者就是劉向整理的除《尚書》之外的周人文章，取《周書》之名以冠之，而未必與先秦時人所稱的《周書》或《周志》完全相同。

據前人研究，東漢人徵引此書多稱《周書》，至許慎《説文解字》在徵引此書時始稱《逸周書》。推求其意，許慎大概是爲了强調此《周書》不是《尚書》中的《周書》，不過是孔子選録之餘，故加『逸』字以示區别。唐代以前，《周書》和《逸周書》二名長期并存，宋代以後則均稱《逸周書》，雖然有些學者主張改用舊名，但未能改變長期以來約定俗成的稱謂。的確，《逸周書》本名《周書》。晋太康二年（二八一），盗墓賊不準挖出一大批用蝌蚪文字寫成的古書，經學者整理後稱汲冢書。《隋書·經籍志》認定《逸周書》出自汲冢，晁公武《郡齋讀書志》始著録《汲冢周書》。其實，《汲冢周書》就是《逸周書》，《逸周書》并非出自汲冢，《四庫全書總目》已有定論。

孔子創辦私學需要教材，從傳世文獻中選取材料也是情理中事，孔子或因此編成了《尚書》。漢人説孔子《尚書》共有百篇，而當時作爲官方所頒課本衹有二十八篇，後補《泰誓》，爲二十九篇，後人稱爲《今文尚書》。西漢時魯恭王拆孔子舊宅，發現了一批用先秦文字寫成的古書，其中包括《尚書》，後世稱《古文尚書》。孔子究竟曾看到過多少周人文獻，編定的《尚書》究竟包含多少篇，至今尚不清楚。現代有學者認爲，《古文尚書》本有百篇，除《今文尚書》二十九篇外，其餘七十一篇就是今本《逸周書》。《逸周書》中的《世俘》與《今文尚書》中的《武成》内容相同，就是證據。此説没有得到學術界認同。《漢書・藝文志》列《周書》於《尚書》之後，可知班固已將二者分開。《今文尚書》中有《虞書》《夏書》《商書》《周書》四部分，而《逸周書》除《商誓》外，其餘均爲周人的言和事，若謂爲百篇《尚書》逸篇，似乎『逸』的太巧。《古文尚書》是孔安國所傳，但傳世情況一直不清楚。今本《古文尚書》雖然不一定都是僞作，但與孔傳本究竟有多少關係，還有待考古發現的進一步證實。其實，《逸周書》既不必是孔子編《尚書》有意不取者，更不必是孔子《尚書》的組成部分，它衹是不同於《尚書》的周人文獻彙編。

自宋洪邁《容齋隨筆》始，後世許多學者認爲《逸周書》的有些内容不可信，其主要理由有二：一是既不爲聖人采録，應不可信；二是與文王、武王、周公之聖明形象不符。按照孟子的説法，商湯滅夏，文、武滅殷，都是替天行道，誅獨夫民賊以解民倒懸，人民皆簞食壺漿以迎王師，東征而西怨，西征而東怨。王者之師是不可能殺人盈城、殺人盈野的。凡不符合王者形象的記載，都是不可信的。現代學者破除了三王盛世的傳統觀念，認爲孟子所説不過是對理想王道的一種表述，《逸周書》記載的武王滅殷反映出來的暴力傾向，纔真正符合古代部族英雄的典型形象，故《逸周書》和《尚書》一樣，是可信的歷史文獻。這種認識逐漸成爲主流。

《逸周書》所載内容是否可信，古人已有許多争論。《逸周書》中《克殷》《世俘》《作雒》《皇門》等以記事爲主的篇章，現代學者普遍認爲真實可信，可以與《尚書》相互印證，對研究周代歷史具有極高的史料價值。但也有學者仍然對《逸周書》的可信性表示懷疑，主要是指占《逸周書》絶大部分的記言篇章。其中，記文王、武王、周公言辭者最多，而文字却與《尚書》的『詰屈聱牙』差别巨大，與春秋戰國間的文字頗有相近之處。這種懷疑有道理，但也可作出解釋。周王室東遷，一定有史官和大量民衆相隨。他們一定會懷念漸行漸遠的輝煌時代，樂意講述那個時代的人和事，以表達内心的傷感。這些講述流傳開來，可能在春秋戰國間纔被某些人寫成了文字，有一些就成爲了今天《逸周書》中的篇章。這雖然是推論，但應該有其合理性。先秦以記言爲主的文獻，應該都是文人根據已有材料（或口傳，或文字）改寫而成的，古樸者成書較早，典雅者成書較晚。《左傳》《國語》《論語》等，都成書於戰國年間，學者們一般并不懷疑其可信性。《逸周書》諸篇風格有异，有古樸者，有典雅者，有些篇章應該是成於戰國時人之手，我們也同樣不必過度懷疑其内容的可信性。《尚書》《國語》《論語》都以記言爲主，《左傳》也記載大量言辭，語體文獻或者是周代文化的主要載體。注重記録前賢的語言表述，實際上是重在吸取前人的智慧。重記言而輕記事，或是周人作文的特徵。從這一點上説，《逸周書》應是周人文章的彙編，反映着周人的觀念。

孔子推崇周公，儒家傳承着周人的禮樂文明，這也是中國傳統文化的主要源頭。由於《尚書》中的《周書》衹有十九篇，且與春秋戰國間的文風不同，很難確證儒家觀念與周人禮樂文明之間的傳承關係。《逸周書》正可填補這一空白。《逸周書》所記文王、武王、周公等人之言，與《左傳》《國語》《論語》中體現的儒家觀念是相近或相通的，使用的概念有許多也是相同的，明顯反映着文化上的傳承關係。

自劉向整理《周書》，已認爲它是孔子編定《尚書》所不取的篇章，在以經學爲正統的時代，它自然不會受到太多的關注。晉五經博士孔晁爲它作的簡注，成爲清代以前唯一的《逸周書》重要研究成果。孔注本在唐初尚存四十五篇，宋代以來則僅有四十二篇，其他篇章没有孔晁注文。與其他大部分唐代以前的文獻一樣，《逸周書》的最終定本也形成於宋代。至清代，學者們已見不到宋本。今傳世最早的是元至正十四年（一三五四）嘉興路儒學刻本，現收藏於國家圖書館。

今本《逸周書》以元至正本《汲冢周書》爲最古，也是其後各種版本的源頭。但此本傳世無多，多數研究者無法利用。此次，國家圖書館出版社將此書納入《國學基本典籍叢刊》影印出版，必將爲廣大研究者和國學愛好者提供極大便利。

晁岳佩

二〇一七年四月

目録

卷三

卷四

卷五

卷六

據國家圖書館藏元至正十四年（一三五四）嘉興路儒學刻本影印原書版框高二十三厘米寬十五點六厘米

汲冢周書
元刊

汲冢周書叙

古書之存者六籍之外蓋亦無幾汲冢周書其一也其書十卷自度訓至于器服凡七十解自叙其後爲一篇若書之有小序同孔晁爲之註晋太康中盜發汲郡魏安釐王冢而得之故繫之汲

冢所言文王與紂之事故謂之
周書劉向謂是周時誓告號令
孔子刪錄之餘班固藝文志亦
有其篇目司馬遷記武王伐紂之
事正與此合然則兩漢之時已在
中祕非始出於汲冢也觀其屬辭
成章體製絕不與百篇相似亦不

類西京文字是蓋戰國之世逸民處士之所纂緝以備私藏者性命道德之幾微文武政教之要略与夫諡法職方時訓月令無不切於脩已治人雖其間駁而不純要不失為古書也

郡太守劉公廷榦好古尤至出

先世所藏命刻板學宮俾行于
世上不負古人之用心下得以廣諸
生之聞見其澍惠後人不既多乎至
正甲午冬十一月四明後學黃玠謹志

氏姓譜、黃玠字伯成、定海人、幼勵志操、博洽無不通、隱居教授、孝養二親、遠近聞其
名、爭迎致之、晚年樂吳興山水之勝、卜築弁山、自號弁山小隱、有知非稿、纂韻錄、唐
詩選行世、抱經堂汲古閣書謂元槧本黃玢序蓋誤仞玠為玢也

汲冢周書

周書卷第一　　晉孔晁注

度訓解第一

天生民而制其度聖人爲制法度度小大以正權輕重以極明本末以立中制法度所以立中正立中以補損補損以知足損益以中爲制故知足也口爵以明等極極中也貴賤之等尊卑之中也極以正民正中外以成命内外正則大命成也正上下以順政順其政教政

以內□□□自邇彌興自遠遠邇備極終也□微補
在□□分微在明知精□□□微分理有明故明王是以敬微而
順分分次以知和知和以知樂知樂以知哀哀樂以
知慧內外以知人慧者甚明所以知人凡民生而有好有惡小
得其所好則喜大得其所好則樂小遭其所惡則憂
大遭其所惡則哀言其性之自然凡民之所好惡生物是好
死物是惡民至有好而不讓不從其所好必犯法無
以事上不必讓則爭爭則犯法矣民至有惡不讓不去其所惡必
犯法無以事上徧行於此尚有頑民而況曰以可去
其惡而得其所好民能居乎徧爲兼行好惡也能居乎言不能居好也若

不口力何以求之言力爭也力爭則力政力政則無讓無讓則無禮無禮雖得所好民樂乎爭則不樂若不樂乃所惡也凡民不忍好惡不能分次忍爲特久堅以次第不次則奪奪則戰戰則何以養老幼何以救痛疾死喪何以胥役也胥相也明王是以極等以斷好惡教民次分揚舉力竟任壯養老長幼有報壯者任之老者養之幼者長之使相報此謂力竟也民是以胥役也夫力竟非眾不尅眾非和不眾和之以懷眾和非中不立中非禮不慎禮非樂不履明王是以無樂非人無哀非人言明王所樂所哀非人也人是以眾人眾賞多罰少政之美也罰多賞少政之惡也罰多則困賞

多則乏乏困無醜教乃不至醜謂所厚是故民主明醜以長子孫子孫習服鳥獸仁德歸其仁德土宜天時百物行治土之所宜天時所生皆行其物治之初廢初載治化則順是故無順非厲明醜以使之所以成順者也長幼成而生曰順極言使小人大人皆成其事上之心而生其義順之至也

命訓解第二

天生民而成大命賢愚自然之性命也命司德正之以禍福司主也以德為主有德正以福無德正以禍然立明王以順之順天作故曰大命有常小命日成成則敬有常則廣廣以敬命則度至于極日成日進也如有則其人法度至中正也夫司德司義而賜之福祿福

祿在人能無懲乎若懲而悔過則度至于極懲止也以德居身深術息其義夫或司不義而降之禍在人能無懲乎若懲而悔過則度至于極夫民生而醜不明無以明之□無醜乎若有醜而競行不醜則度至于極不謂醜者若道上爲君夫民生而樂生無以穀之能無勸乎若勸之以忠則度至于極穀善也謂忠信也夫民生而惡死無以畏之能無恐乎若恐而承教則度至于極以死亡恐民使奉上易教也六極既通六間具塞六中之道通則六間塞矣通道通天以正人正人莫如有極道天莫如無極道謂言說之也道天有極則不威不威則不昭正人無極則不信不信則不行政教不明

明王昭天信人以度功地以利之使信人畏天則度至于極夫天道三人道三（言相方以立教）天有命有禍有福人有醜有紼絻有斧鉞以人之醜當天之命以紼絻當天之福以斧鉞當天之禍六方三述其極一也不知則不存（一者善之謂也不行善不知故也）極命則民墮民墮則曠命曠命以誡其上則殆於亂（此下六極謂行之極其道殆近）極福則民祿民祿則干善干善則不行（不行善也）極禍則民鬼民鬼則淫祭淫祭則罷家（罷弊其財且無禍也）極醜則民叛民叛則傷人傷人則不義（民不堪行則叛義也）極賞則民賈其上賈其上則民無讓無讓則不順（賈賣以功求其賞也）極罰則民多

詐多詐則不忠不忠則無報（上遇其禮不報已終）凡此六者政之始也明王是故昭命以命之曰大命世罰小命罰身（遺大命則世受罰犯小命則罰身）福莫大於行義禍莫大於淫祭醜莫大於傷人賞莫大於信義讓莫大於賈上罰莫大於貪詐（言此六者冣大）古之明王奉此六者以牧萬民民用而不失（不失其義）撫之以惠和之以均斂之以哀娛之以樂慎之以禮教之以藝震之以政動之以事勸之以賞畏之以罰臨之以忠行之以權（以權行之）權不法忠不忠罰不服賞不從勞事不震政不成（言行權當有如此時）藝不淫禮有時樂不滿哀不至均不壹惠不忍人凡此

物攘之屬也物事惠而不忍人人不勝害害不如死害則死□而猶不知□均一則不和哀至則匱樂滿則荒禮無時則不貴淫則害于才政成則不長事震則寡功不長言近浅也震而其功寡矣以賞從勞勞而不至以法從中則賞賞不必中以權從法則行行不必以知權權以知微微以知始始以知終言事勢之相權物理之相致如此也

常訓解第三

天有常性人有常順順在可變性在不改學能故可变自然故不改不改可因因在好惡好惡生變變習生常常則生醜醜命生德雖有天性可因其好惡以变之明醜所以命之則德生矣明王於是

生政以正之民生而有習有常以習爲常以常爲慎民若生于中習常爲常(習常爲常如性自然故若生于中也)夫習民乃常爲自血氣始(性本所有而幼小習之若自其氣血生之始也)明王自血氣耳目之習以明之醜(示之以好惡也)醜明乃樂義樂義乃至上上賢而不窮(窮謂不省之人)哀樂不淫民知其至而至于子孫民乃有古古者因民以順民(皆有經遠之規謂之有古父教子子教孫故曰因也)夫民群居而無選爲政以始之始之以古終之以古(言政必敬始慎終選行也)行古志今政之至也政維今法維古(云云)頑貪以凝疑意以兩平兩以參參伍以權權數以多多難以允允德以慎慎微以始而敬終乃不

因（重明終始之義）困在坌誘在王民乃苟苟乃不明哀樂不
時四徵不顯六極不服八政不順九德有奸九奸不
遷萬物不至（吉以坌導民政之弊）夫禮非尅不承非樂不竟民
是乏生□好惡有四徵喜樂憂哀動之以則發之以
文成之以名行之以化（以中道化之也）六極命聽福賞禍罰
六極不嬴（九嬴謂無常）八政和平八政夫妻父子兄弟君臣
八政不逆九德純恪九德忠信敬剛柔和固貞順順
言曰政順政曰遂遂偽曰姧監物在目監聲在耳耳
因有皆疑疑言有樞樞動有和和意無等（等謂差等）萬民
無法□□在敘□復在古古者明王奉法以明幽幽

王奉幽以廢法奉則一人也而績功不同所行相反故也明王是以敬衛而順分

文酌解第四

民生而有欲有惡有樂有哀有德有則則有九聚德有五寶哀有四忍樂有三豐惡有二咎欲有一極廣演其義也極有七事咎有三尼豐有三頻忍有四教寶有五大聚有九酌又敷陳也九酌一取允移人二宗傑以觀英傑人當觀之地也三發滯以正民四貸官以屬五人曰必禮六往來取此七商賈易資八農人美利九□寵可動此言所酌為政之事五大一大知率謀二大武劍勇三大工賦

事四大商行賄五大農假貸言之為謀之即假貸振施者也四教一守之以信二因親就年三取感免梏四樂生身復就年尊長年也感近也免梏無患也三頻一曰頻祿笑瀆二陰福靈極三留身散員頻數也散失也三尼一除戎咎醜二申親考蹠三假時權要尼是也咎罪也考成也時是也七事一騰咎信志二援拔瀆謀三聚疑沮事四騰屬威衆五處寬身降六陵塞勝倚七錄兵免戎騰勝也錄謂不備兵一極惟事昌道開蓄伐言事事皆以忠政行之則吉昌之道開行而征伐之道蓄之也伐有三穆七信一幹二三御安十二來信征伐之道必有此事可也三穆一絕靈破城二筮奇昌為三龜從兆凶絕神不淫祀也不正而卜雖從而凶七信一仁

之慎散二智之完巧三勇之精富四族之寡賄五商之淺資六農之少積七貴之爭寵七者所宜信明之也一幹勝權輿言有權無不與二御一樹惠不惑二既用茲憂惑巔也以爲已巔也既盡三安一定居安帑二貢貴得布三刑罪布財十二來一弓二矢歸射矢當可用三輪四輿歸御言亦可用五鮑六魚歸蓄積以爲資七陶八冶歸竈竈善則陶冶長也九柯匠歸林林當作材匠以爲用十十一竹十二箑歸時取之以時所以來人也三穆七信一幹二御三安十二來伐道咸布物無不落落物取配維有永究落始也類也究終也急哉急哉後失時

糴匡解第五

成年年穀足賓祭祭以盛言賓客宗廟足而不奢也大馴鍾絶服
美義淫大馴後落淫過皂畜約制餘子務藝皂既別名畜則馬約制不常秩
餘衆也藝樹也宮室城廓修爲備供有嘉菜於是日蒲嘉善也爲
董等也蜀淵之年儉穀不足賓祭以中盛有黍稷無稻粱樂唯鍾鼓
不服美外有祭服內無文飾三牧五庫補攝事物相熏不物設也凡美不
修餘子務穡於是糺秩糺之令有事按年飢則勤而不賓舉
祭以薄用下牲也樂無鍾鼓凡美禁書不早群車不雕攻
兵備不制民利不淫攻治征當商旅以救窮乏闗隨鄉
下鬻墊鬻賣分助有匡以綏無者於是救困大荒有禱
無祭飢饉師旅爲大荒也國不稱樂企不滿壑刑罰不修舍用

振窮（不淋壑不于治地舍用常以振民也）君親巡方卿參告糴餘子倅運開口同食民不藏糧曰有匡（倅副也盡行此事名曰有匡也）俾民畜唯牛羊於民大疾惑殺一人無赦（雖有凶疾惑而相殺者不赦也）男守疆戎禁不出五庫不膳喪禮無度祭以薄資（戎事）（自守而已不征伐也喪儉也而速喪祭用）禮無樂宮不幃嫁娶不以時賓旅設位有賜（不以時秋冬也婣氏會□□台之賓旅隨位賜之不饗燕）

周書卷第一

周書卷第二

晉孔晁注

武稱解第六

大國不失其威小國不失其卑敵國不失其權此即所謂稱也岠嶮伐夷并小奪亂□強攻弱而襲不正武之經也經常伐亂伐疾伐疫武之順也武道逆取順守故曰順也賢者輔之亂者取之作者勸之怠者沮之恐者懼之欲者趣之武之用也武以為用■美男破老美女破舌淫圖破□淫巧破時淫樂破正淫言破義武之毀也凡行此事所以毀敵國也赦其衆遂其咎撫其□助其囊武之閒也餌敵以分而照其儲以伐輔德追時之權武之尚也以分謂以分器土田餌之此術春違其農秋伐其穡夏取其麥冬寒其衣服

春秋欲舒冬夏欲亟武之時也寒衣為敗其絲麻冬夏寒暑盛故欲疾之長勝短輕勝重直勝曲衆勝寡強勝弱飽勝飢肅勝怒先勝後疾勝遲武之勝也爾敵也追戎無恪窮寇不格格鬪也力倦氣竭乃易克武之追也追敵之法既勝人舉旗以號令命吏禁掠無取侵暴爵位不謙田宅不虧各寧其親民服如化武之撫也謙損也寧安也百姓咸服偃兵興德夷厥險阻以毀其服四方畏服奄有天下武之定也毀武謂毀敵之

允文解第七

思靜振勝允文維記以靜規勝康文紀武昭告周行維旌所在

旗旌治亂所在收武釋賄無遷厥里官校屬職因其百吏収其
戎器不取賄因其官吏無敗政公貨少多賑賜窮士救瘠補病賦均
田布主施赦布政也命夫復服用損憂恥孤寡無告獲厚咸
喜損除憂恥謂赦罪振窮敷大恵也咸問外戚書其所在遷同氏姓
位之宗子誅其君為之主□及群臣宗主率用十五綏用□安教用
顯允若得父母懷其德政也寬以政之孰云不聽聽言靡
悔遵養時晦養時闇昧而誅之晦明遂語于時允武死思復
生生思復所使昧者修明而遂告以信武也人知不棄愛守正户上
下和協靡敵不下於守正户言不逃亡執彼玉珪以居其宇庶
民咸畊童壯無輔無拂其取通其疆土民之望兵若

待父母（彼謂乱邦之君）是故天下一旦而定有四海

大武解第八

武有六制政攻侵伐搏戰（政者征伐之政）善政不攻善攻不侵善侵不伐善伐不搏善搏不戰（言廟勝也）政有四戚五和攻有四攻五良侵有四聚三斂伐有四時三與搏有三衰四赦戰有六厲五衛六庫五虞（此皆有義然後能致其攻）四戚一内姓二外婚三友朋四同里（信所親也）宜五和一有天無惡二有人無鄰三同好相固四同惡相助五遠宅不薄（雖遠居皆厚之）此九者政之因也（言因此以成政也）四攻者一攻天時二攻地宜三攻人德四攻行利（攻謂奪其計使）

（不成也）五良一取仁二取智三取勇四取材五取藝（所務來而任之良當為求字之誤也）此九者攻之開也（言開此道以成攻也）四聚一酌之以仁二懷之以樂三旁聚封人四設圍以信三歛一男女比二工次三秪人死（秪敬）此七者侵之酌也（言酌此法以成侵也）四時一春違其農二夏食其穀三秋取其刈四冬凍其葆（此皆所用以敵之凍謂發露其葆聚）三興一政以和時三伐乱以治三伐飢以飽（此所行當之也）此七者伐之機也（機要也以此要成其伐也）三衰一要不羸二喪人三擯厥親（哀謂人之困窮如此要當為惡擯一作損）四赦一勝人必羸二取威信復三人樂生身四赦民所惡（羸謂益之復謂有之皆赦拔也）此七者摶之來

也所以懷來之也六厲一仁厲以行二智厲以道三武厲以勇四師厲以士五校正厲御六射師厲伍厲為治政也□□五衛一明仁懷怒二明智輔謀三明武攝勇四明材攝士五明藝攝官皆所以成戰矣五虞一鼓走疑二備從來三佐車舉旗四采虞人謀五後動撚之撚從也皆求安道令之道無競惟害有功無敗雖強常念害則不敗也

大明武解第九

畏嚴大武曰維四方畏威乃寧大武之道四方畏威天下乃寧之也天作武修戎兵以助義正違正順其義川順天行五官官候厥政謂有所亡五官舉大官之言亡無也城廓溝渠高厚是量謂敵人所

剋也既踐戎野脩慎其殃敬其嚴君乃戰赦（言當明耳目遠斥候）十藝必明加之以十因靡敵不荒（荒敗也）陣若雲布侵若風行輕車翼衛在戎二方（奔敵之陣如此）我師之窮靡人不剛（知敵之強乃剛勇也）十藝一大援二明從而餘子四長興五伐人六刑餘七三疑八間書九用少十興怨（刑餘赦徒用少者省費興怨離構也）十因一樹仁二勝欲三賓客四通旅五親戚六無告七同事八程巧九口能十利事（凡戚皆有因也勝欲以義勝欲）藝因伐用是謂強轉應天順時時有寒暑（言時有難易也）風雨飢疾民乃不處移散不敗農乃商賈委以淫樂賂以美女（謂扇動之使沈惑也）主人若拔口至城下高堙

臨內日夜不解枝謂堅也方陣並功云何能禦雖易必敬

是謂明武禦當也城高難平湮之以土開之以走路俄

傳器櫓湮土謂為土山以臨之也因風行火障水水下惠用元元

文誨其寡言務□恤刑也旁隧外權墮城湮溪老弱單處其

謀乃難單處無於保郭既克和服使衆咸宜竟其金革是謂

大夷咸皆夷平

小明武解第十

凡攻之道必得地勢以順天時觀之以今稽之以古

兵凶器戰危事故以詳順之稽考也攻其逆政毀其地阻立之五教以

惠其下五教五常之教也矜寡無告實為之主五教允中枝

葉伐典為之君枝葉謂衆善政也國爲僞巧後宮飾女荒田逐獸田獵之所游觀崇臺泉池在下遙樂無旣百姓辛苦言凡有此事皆可伐上有困令乃有極口上困下騰戎遷其野敦行王法濟用金鼓濟成也言以金鼓濟其伐降以列陣無悛怨口按道攻巷無襲門戶言不赦有罪怒伐無辜襲掩也無受貨賂攻用弓弩上下禱祀靡神不下具行衝梯振以長旗先所禱而坊後戰也懷戚思終左右憤勇無食六畜無聚子女群振若雷造於城下鼓行參呼以正什伍言士卒之上奮厲也有軒冕斧鉞在下勝國若化故曰明武軒冕所以為賞也

大匡解第十一

維周王宅程三年遭天之大荒程地名在岐州左右後以為国初王季之子文王因焉而遭飢饉後乃徙豐焉作大匡以詔牧其方三州之侯咸率故文王初未得三分有二故三州也率謂奉順也王乃召冢卿三老三吏大夫百執事之人朝于大庭冢卿孤卿三吏三卿也大庭公堂之庭問罷病之故政事之失刑罰之戾哀樂之尤戾罪尤過賓客之盛用度之費及關市之征山林之匱田宅之荒溝渠之害匱荒害皆謂官不修無征怠惰之過驕頑之虐水旱之菑皆以為失之者曰不穀不德政事不時國家罷病不能胥匡二三子尚助不穀官考厥職鄉問其人不尚尚也問人政得失因其耆老及其總害慎問其故無隱乃情總衆人也及某日

以告于廟有不用命有常不赦明日王至廟告常者常刑也王旣
發命入食不舉百官質方□不食饔王不舉樂百官徹膳以思其戒
方道及期日質明王麻衣以朝朝中無采衣此凶服自居爲荒變
官考其職鄉問其利因謀其菑旁匡於衆無敢有違
衆衆民也百官卒我故無違詰退驕頑方收不服慎惟怠惰什伍
相保方方教收其不服化昔也動勸游居事節時茂農夫任戶戶
盡夫出茂勉也言無戶不出夫以勸農農廩分鄉鄉命受糧程課物
徵躬競比藏農人藏穀扵廩分在諸鄉倉課程比藏者比方其收藏也藏不糴
糶不加均賦洒其幣鄉正保貸糴不加均多從所有不限也洒散也幣以
糴以貸窮也成年不償信誠匡助以輔殖財各曰貸而不償所以生殖

民也財財殖足食克賦爲征數口以食食均有賦均民足食

而征其賦以入官也外食不贍開關通糧糧窮不轉孤寡不廢

窮征國內轉出外也不滯不轉留戍城不留□足以守出旅分

均馳車送逝旦夕運糧□不成者不令留足以守之表皆共運之也於是

告四方遊旅旁生忻通津濟道宿所至如歸有告者窮者有

所歸也幣租輕乃作母以行其子以貴重爲母謂錢幣之屬易資貴

賤以均遊旅使無滯非但租賦作母行子遊旅易資亦然無粥熟無室

市權內外以立均無蚤暮閭次均行均平民財行之無早晚之常也

均行衆從積而勿□以罰助均無使之窮平均無乏

利民不淫雖積賞進有無不隄防之使民有過者罰其穀幣其穀幣通以助均無播蔬

無食種（可食之菜曰蔬）以數度多少省用（国家常用）祈而不賓祭服漱不制（不賓殺礼不制不造新也）車不雕飾人不食肉畜不食穀（畜謂馬也）國不鄉射樂不牆合牆屋有補無作（皆為荒時之也）資農不敗務（農桒之務不廢）非公卿不賓賓不過具（唯賓公卿酒食）（而已）哭不留日登降一等（留盡也降一等為荒廢之也）庶人不獨葬伍有植送往迎來亦如之（均恤興迎亦如植共送迎亦相救也）有不用命有常不違

程典解第十二

維三月既生魄文王合六州之侯奉勤于商（三分天下有其二以伏事殷也）商王用宗讒震怒無疆（宗衆疆竟也）諸侯不娛逆

諸文王文王弗忍乃作程典以命三忠娛樂也不忍從諸侯即王位所以為至德常典也曰助余體民無小不敬如毛在躬拔之痛無不省毛以喻小也無不省故宜敬外也政失患作作而無備死亡不誠誠在往事備必慎備思地思地慎制思制慎人思人慎德德開開乃無患以往事誠將來開通言德合也慎德必躬恕恕以明德德當天而慎下以慎道教天下下為上貸力競以讓讓德乃行以讓為化慎下必翼上上中立而下比爭省和和順慎同攜乃爭和乃比翼敬也中立謂無比也比事無政無政無選無選民乃頑頑乃害上無雋選之事在官故頑民害上故選官以明訓頑民乃順慎守其教小大有度以

脩畜寇（小大口吉凶也）協其三族固其四援明其伍候習其
武誡依其山川通其舟車利其守務（修文教誡武事脩聖王之事）士
大夫不雜於工商（使各專其業商不厚工不巧農不力不可力治必善其事治乃成也）
士之子不知義不可以長幼（有士行之義方為正）工不族居不
足以給官族不鄉別不可以入惠（族謂羣也雖不別其鄉所以行其惠）
也）爲上不明爲下不順無醜（言国無恥醜也）輕其行多其慝
不習（不重其行自多其慝何習之有）愼地必爲之圖以舉其物物其
善惡（別其地所生物之善惡也）度其高下利其陂溝愛其農時修
其等列務其土實（務其勤樹藝也）差其施賦設得其宜宜協
其務務應其趣（言其所施當也）愼用必愛工攻其材商通其

材百物鳥獸魚鼈無不順時(順時所爲愛之也)生穡省用不

濫其度津不行火藪林不伐(濫過也非時不火不伐也)牛羊不盡

齒不屠(老不任用食之)土勸不極美美不害用用乃思慎□

脩不敬不意多□用寡立親用勝懷遠遠格而邇安

(多用謂振施也)於安思危於始思終於邇思脩於遠思近於

老思行不脩無違嚴戒(必有忍乃有濟也終謂終其義之也格至也)

程寤

秦陰

九政

九開

劉法
文開
保開
八繁

周書卷第二

周書卷第三

晉孔晁注

酆保解第二十一

維二十三祀庚子朔九州之侯咸格于周王在酆昧

爽立于少庭王告周公旦曰嗚呼諸侯咸格來慶辛
苦役商吾何保守何用行旦拜手稽首曰商爲無道
棄德刑範欺侮群臣辛苦百姓忍辱諸侯莫大之綱
福其亡亡人惟庸王其祀德純禮明允無二卑位柔
色金聲以合之王乃命三公九卿及百姓之人曰恭
敬齊潔咸格而祀于上帝商饋始于王因饗諸侯重
禮庶吏出送于郊樹昏于崇內備五祥六衛也厲十
敗四葛外用四蠹五落六容七惡五祥一君選擇二
官得度三務不舍四不行賂五察民困六衛一明仁
懷恕二明智毀謀三明戒攝勇四明才攝士五明藝

法官六明命攝政七厲一翼勤厲務二動正厲民三
靜兆厲武四翼藝厲物五翼言厲復六翼敬厲衆七
翼知厲道十敗一佞人敗樸二諂言毀積三陰資自
舉四女貨速禍五比黨不揀六佞説讒獄七神龜敗
卜八賓祭推敷九忿言自辱十異姓乱族四葛一葛
其農時不移二費其土慮不化三正賞罰獄無姦奇
四葛其戎謀族乃不罰四蠹一美好怪奇以治之二
淫言流說以服之三群巧仍興以力之四神巫靈寵
以惑之五落一示吾貞以移其名二微降霜雪以取
松柏三信蟜萌莫能安宅四厚其禱巫其謀乃獲五

流德飄枉以明其惡六容一游言二行商工三軍旅之庸四外風之所揚五因失而亡作事應時時乃喪六厚使以往來其所藏七惡一以物角兵二令美其前而厚其傷三間於大國安得吉凶四交其所親靜之以物則以流其身五率諸侯以朝賢人而已猶不往六令之有求遂以生尤七見親所親勿與深謀命友人疑旦拜曰嗚呼王孫其尊天下適無見過過適無好自益以明而迹嗚呼敬哉視五詳六衛七厲十敗四葛不修國乃不固務周四蠱五落六容七惡不時不允不率不緩反以自薄嗚呼深念之哉重維之

哉不深乃權不重從權乃慰不從乃潰潰不可復戒
後人復戒後人其用汝謀王曰允哉

大開解第二十二

維王二月既生魄王在酆立于少庭兆墓九開開厥
後人八儆五戒八儆一□旦于開二躬修九過三族
修九禁四無競維義五習用九教六□用守備七足
用九利八寧用懷□五戒一祗用謀宗二經内戒工
三無遠親戚四雕無薄□五禱無憂玉及爲人盡不
足王拜儆我後人謀競不可以藏戒後人其用汝謀
維宿不悉日不足

小開解第二十三

維三十有五祀王念曰多口正月丙子拜望食無時汝開後嗣謀曰嗚呼于來後之人余聞在昔曰明明非常維德曰爲明食無時汝夜何脩非躬何慎非言何擇非德嗚呼敬之哉汝恭聞不命賈粥不讎謀念之哉不索禍招無曰不免不庸不茂不次人菑孚謀迷弃非人朕聞用人不以謀說說惡謟言色不知適適不知謀謀泄汝躬不允嗚呼敬之哉後之人朕聞曰謀有共軵如乃而舍人之好佚而無窮貴而不傲富而不驕兩而不爭聞而不遥遠而不絕窮而不匱

者鮮矣汝謀斯何嚮非翼維有共枳枳亡重大害小
不堪柯引維德之用用皆在國謀大鮮無害嗚呼汝
何敬非時何擇非德德枳維大人大人枳維卿卿枳
維大夫大夫枳維士登登皇口枳維國國枳維都
都枳維邑邑枳維家家枳維欲無疆動有三極用有
九圉因有四戚五私極明與與有畏勸汝何異非義
何畏非世何勸非樂謀獲三極無疆動獲九因無限
務用三德順攻奸口言彼翼翼在意仍時德春育生
素草肅踈數蒲夏育長美柯華務水潦秋初藝不節
落冬冬大劉倍信何謀本口時歲至天視嗚呼汝何監

非時何務非德何興非因何用非極維周于民人謀競不可以後戒後戒宿不悉日不足

文儆解第二十四

維文王告夢懼後祀之無保庚辰詔太子發曰汝敬之哉民物多變民何嚮非利利維生痛痛維生樂樂維生禮禮維生義義維生仁嗚呼敬之哉民之適敗上察下遂信何嚮非私私維生抗抗維生奪奪維生亂亂維生亡亡維生死嗚呼敬之哉汝慎守勿失以詔有司夙夜勿忘若民之嚮引汝慎何非遂遂時不遠非本非標非微非煇壤非壤不高水非水不流嗚

呼敬之哉倍本者槁汝何葆非監不維一保監順時維周于民之適敗無有時蓋後戒後戒謀念勿擇

文傳解第二十五

文王授命之九年時維暮春在鄗太子發曰吾語汝所保所守守之哉厚德廣惠忠信愛人君子之行四者君德不爲驕侈不爲靡泰不淫於美括柱茅茨爲愛費言務儉也因就不決曰括山林非時不升斤斧以成草木之長川澤非時不入網罟以成魚鼈之長不麛不卵以成鳥獸之長畋漁以時童不夭胎馬不馳騖土不失宜言土地所宜悉長之土可犯材可蓄潤濕不穀樹之竹葦莞蒲礫

石不可穀樹之葛木以爲絺綌以爲材用所爲土不失宜故凡土地之間者聖人裁之並爲民利是魚鼈歸其泉鳥歸其林取之以時不夭胎故孤寡辛苦咸賴其生得所生長材用山以遂其材工匠以爲其器百物以平其利商賈以通其貨無二德也工不失其務農不失其時是謂和德和故不失土多民少非其土也土少人多非其人也是故土多發政以漕四方四方流之漕轉流歸言移內人也土少安帑而外其務方輸外設業而四民方輸穀夏箴曰中不容利民乃外次夏禹之箴戒書也業舍次於田開望曰土廣無守可襲伐土狹無食可圖竭二禍之來不稱之灾開望古書名也政以人士相稱爲善也

天有四殃水旱飢荒其至無時非務積聚何以備之積材用聚穀蔬夏箴曰小人無兼年之食遇天飢妻子非其有也大夫無兼年之食遇天飢臣妾輿馬非其有也古者國家三年必有一年之儲非其有言流亡也戒之哉弗思弗行至無日矣言不遠也不明開塞禁舍者其如天下何不明謂失其機人各修其學而尊其名聖人制之從而業用故諸橫生盡以養從從生盡以養一丈夫橫生萬物也從生人也一丈夫天子也言兆民者天子也無殺天胎無伐不成材無墮四時如此者十年有十年之積者王通三十年之計也有五年之積者霸無一年之積者亡通計五年之計有五年也積也亡為無國家生十殺一者物十重

生一殺十者物頓空十重者王頓空者亡（生多到重生少到空）兵強勝人人強勝天能制其有者則能制人之有（勝天勝有天命）不能制其有者則人制之（術自取之）令行禁止王始也出一曰神明出二曰分光（政有二名分君之明光亦明也）出三曰無適異出四曰無適與無適與者亡（君臣無適異民無適與不亡何）詩也

柔武解第二十六

維王元祀一月既生魄王召周公旦曰嗚呼維在文考之緒功（此文王卒之明年春也）維周禁五戎五戎不禁厥民乃淫（此成周也而謂之戎言五者不禁戎之道也）一曰士觀幸時政匱不

疑二曰獄讎刑蔽姦吏濟貸濟貸成其貨也三曰聲樂口口飾女滅德四曰維勢是輔維禱是怙五曰盤游安居枝葉維落輔口怙恃盤游安居皆害之術五者不距自生戎旅故必以德爲本以義爲術以信爲動以成爲心以決爲計以節爲勝言以德爲本以節爲勝距戎之本也務在審時紀綱爲序和均口里以匡辛苦匡正也辛苦窮也見寇口戚靡適無口勝國若化不動金鼓善戰不鬬故曰柔武四方無拂掩有天下拂違也言或也

大開武解第二十七

維王一祀二月王在酆密命密人及商紂周大命訪於周公

旦曰嗚呼余夙夜維商密不顯誰和言欲以野送之商密告歲
之有秋今余不獲其落若何和猶萬物而商密欲擯我周不得其落恐將亡
周公曰茲在德敬在周其維天命王其敬命言天命在周當
敬命而已遠戚無十和無再失維明德無佚所親近踈遠也再失爲復
失也佚不可還維文考恪勤戰戰何敬何好何惡時不
敬殆哉言一佚不可還故念文王所敬王拜曰允哉余聞國有四戚
五和七失九因十淫非不敬不知言非不欲敬而未知所聞欲知之也
今而言維格余非廢善以自塞維明戒是祗而汝格至也是
余之敬周公拜曰茲順天天降寤于程程降因于商商
今生葛葛右有周言天寤周以和商謀商朝生葛是祐助周也維王其明

用開和之言言孰敢不格[可否相濟曰和欲其開匡以和則忠告之言無不至也]四戚一內同外二外婚姻三官同師四哀同勞五和一有天維國二有地維義三同好維樂四同惡維哀五遠方不爭[以文德來遠]七失一立在廢二廢在祇三比在門四諂在內五私在外六私在公七公不違[立所廢則功多廢所敬則不見疑口比諂近公私干錯公法不能違之所謂失]九因一神有不饗二德有所守三才有不官四事有不均五兩有必爭六富有別七貪有匱八好有遂九敵有勝[此皆因其事而以誤彼國也]十淫一淫政破國動不時民不保二淫好破義言不協民乃不和三淫樂破德德不純民乃失常

四淫動破醜醜不足民乃不讓五淫中破禮禮不同民乃不協六淫采破服服不度民乃不順七淫文破典典不式教民乃不類八淫權破故故不法官民乃無法九淫貨破職百官令不承十淫巧破用用不足百意不成嗚呼十淫不違危哉今商維茲言商紂所行如此十者之所蔽其唯第茲命不承殆哉不奉天命則危殆也若人之有政令廢令無赦乃廢天之命訖文考之功緒忍民之苦不祥廢政令罪不赦而乃廢天命由廢文之業忍民患是不祥也若農之服田務耕而不耨維草其宅之既秋而不獲維禽其饗之人而獲飢去誰主□之□之草居之是農不脩也獸食之是飢諸□□□已己自取之是時矜之父業之導王

拜曰格乃言嗚呼夙夜戰戰何畏非道何惡非是不敬殆哉王必以周公言為至故拜也

小開武解第二十八

維王二祀一月既生魄王召周公旦曰嗚呼余夙夜忌商不知道極敬聽以勤天下周公拜手稽首曰在我文考順明三極躬是四察循用五行戒視七順順道九紀皆文王所行之三極既明五行乃常四察既是七順乃辨明勢天道九紀咸當順德以謀罔惟不行言化道大行也三極一維天九星二維地九州三維人四左九星四方及五星也四左疏附禦侮奔走先後是也四察一目察維極二耳察維聲

三口察維言四心察維念四者當所必察真偽五行一黑位水二赤位火三蒼位木四白位金五黃位土言其所順而勤七順一順天得時二順地得助三順民得和四順利財足五順得助明六順仁無失七順道有功順天時得天道順道有功得人功九紀一辰以紀日二宿以紀月三日以紀德四月以紀刑日月之會日辰甲乙十者於四方以紀日宿次十二紀十二月次日為礼月為法也五春以紀生六夏以紀長七秋以紀殺八冬以紀藏九歲以紀終四時終則成歲時候天視可監時不失以知吉凶天視言視天時王拜曰允哉余聞在昔訓典中規非時罔有恪言曰正余不足謙以受

寶典解第二十九

維王三祀二月丙辰朔王在鄗召周公旦曰嗚呼敬哉朕聞曰何脩非躬躬有四位九德（言脩身以四位九德也）何擇非人人有十姦（凡人所不能免者）何有非謀謀有十散不圉我哉（圉禁也）何慎非言言有三信信以生寶寶以貴物物周爲器（周用之爲器）美好寶物無常維其所貴信無不行（貴在周用）行之以神振之以寶順之以事明衆以備改口以庸庶格懷患（言治實以器用）四位一曰定二曰正三曰靜四曰敬敬位丕哉靜乃時非正位不廢定得安宅（丕大也時非侍時不動）九德一孝子畏哉乃不亂謀二悌悌

乃知序序乃倫倫不騰上上乃不崩不騰不越不相超越三慈
惠茲知長幼知長幼樂養老四忠恕是謂四儀風言
大極意定不移儀言也五中正是謂權斷補損知選六
恭遜是謂容德以法從權安上無慝選數慝惡七寬弘是
謂寬宇准德以義樂獲純嘏純大也嘏大也謂之大大之福八溫直
是謂明德喜怒不郄主人乃服郄問也九兼武是謂明
刑惠而能忍尊天大經九德廣備次世有聲長令有問十
姦一窮口干靜二酒行干理三辯惠干智四移潔干
清五死勇干武寶少而曰多曰移也六展允干信七比譽干讓
八阿衆干名九專愚干果十愎孤于貞卜者皆不誠之行故曰姦

十散一廢□□□□行乃泄□□□□□□□□三

淺薄間瞞其謀乃獲四說吡輕意乃傷營立五行怨

而不願弗憂其圖（間瞞不察謂所謀也）六極言不度其謀乃費

七以親爲疏其謀乃虛八心私慮適百事乃僻九愚

而自信不知所守十不釋太約見利忘親（適單也言十者皆散）

（汝成）三信一春生夏長無私民乃不迷二秋落冬殺有

常政乃盛行三人治百物物德其德是謂信極（言其信至）

而其余也信既極矣嗜欲□在在不知義欲在美好

有義是謂生寶（以義乃寶）周公拜手稽首興曰臣既能生

寶恐未有子孫其敗（有□其心恐有寶而子能有以敗治也）既能生寶

未能生仁恐無後親王寶生之恐失王會道維其廢會所當會之寶王拜曰格而言維時余勸之以安位教之廣安位謂信有得用寶而亂亦非我咎上設榮祿不患莫仁以言榮祿祿口仁也則用是榮人也仁以愛祿允維典程既得其祿又增其名上下咸勸孰不競仁維子孫之謀寶以為常言仁人以愛祿為常法則人皆競仁欲愛子孫謀此為常

酆講解第三十

維王三祀王在酆講言告聞自文王受命至此十年也知敵情向人問人曰謀以紂聞酆謀告武王也王召周公旦曰嗚呼商其咸辜維日望謀建功謀言多信今如其何言商君臣皆罪周日望以周建功也周公

曰時至矣乃興師循故（言何伐紂之時至謂循古法）初用三同一戚取同二任用能三矢無聲（矢誓言誓衆以盡心也）三讓一近市二賤粥三施資（以財讓也近來民市旅資資以惠也）三虞一邊不侵內二道不毆收三郊不留人（虞禁也設此三禁所以悅也）王曰嗚呼允從三三無咈厥徵可因（言三讓三同三虞無違言善徵可用以立功也）與周同愛愛微無疾疾取不取疾至致備（疾惡）由禱不德不德不成害不在小終維實大悔後乃無（曲爲非義神不聽之）帝念不謟應時作謀不敏殆哉周公曰言斯允格誰從已出出而不允乃菑（帝天也謟僭也敏疾也）往而不往乃弱士卒咸若周一心（不往則是弱一心則不恃也）

寤敬解第三十一

維四月朔王告儆召周公旦曰嗚呼謀泄哉今朕寤有商驚予（言夢為紂所伐故驚）欲與無□則欲攻無庸以王不足戒乃不興憂其深矣（戒不興言所憂不從戒中來也）周公曰天下不虞周驚以寤王王其敬命奉若稽古維王（虞度若順）克明三德維則（三德剛柔正直）戚和遠人維庸（和近人則遠人用）攻王禱赦有罪懷庶有茲封福（庶衆封大）監戒善敗護守勿失無虎傅翼將飛入宮擇人而食不驕不悋時乃無敵（此是義也）王拜曰允哉余聞曰維乃予謀謀時用戚不泄不竭維天而已（聞古言也天道無窮）余維與汝監舊之葆咸祇

曰戒戒維宿言宿古文文戒於心

武順解第三十二

天道尚右日月西移地道尚在水道中流人道尚中耳目役心言耳目為心所役也心有四佐不和曰廢四佐脾腎肺肝也地有五行不通曰惡金木水火土更相生天有四時不時曰凶天道曰祥地道曰義人道曰禮知祥則壽知義則立知禮則行言其相通禮義順祥曰吉吉禮左還順地以利本本謂人也武禮右還順天以利兵天右還也將居中軍順人以利陣人尚中人有中曰參無中曰兩兩爭曰弱三和曰疆有中必有口故曰參男生而成三女生而成五以室成室

成以民生民民以度陽奇陰耦于謂相配成室左右手各握五左右足各履五曰四枝元首曰末四枝手足元首頭也五五二十五曰元卒伍兵名一卒居前曰開一卒居後曰敦開猶啓敦猶服左右一卒曰間四卒成衛曰伯皆陣名伯卒名三伯一長曰佐三佐一長曰右九伯卒也三右一長曰正三正一長曰卿三卿一長曰辟伯卒則右千卒則正三千卒則卿萬卒皋令之於君辟君也此謂諸侯三軍數起於於伍故不干相當必明卿必仁正必智右必和言其德如此乃堪其任也佐必□伯必勤卒必力卒三十五人之師故以勇力為之也辟不明無以慮官卿不仁無以集衆伯不勤無以行令卒不力無以承訓訓謂先後辟也承謂奉行後令也均卒力貌而

無比則不順（比者比周也）均伯勤勞而無攜攜則不和（攜離）均佐和敬而無留留則無成（留遲）均右肅恭而無羞羞則不與辟必文聖如度（言聖君有所爲如度度變功不有差也）元忠尚讓親均惠下集固介德（介大也言必所集則常在大道也）危言不干德曰正（不干謂不犯也）正及神人曰極世世能極曰帝（極謂其上）

武穆解第三十三

曰若稽古曰昭天之道照帝之載援民之任𡈼德之用覿總之以成殺等之以口禁成之以口和（咸皆殺盛也皆以法總之也）咸康于民卿格維時監于列辟（視古公列也君以爲師也）敬惟三事永有休哉三事以倡德二和亂三終齊德

有七倫亂有五遂齊有五備五備一同往路以揆遠
迹二明要醜友德以衆爾庸三明辟章遠以肅民教
四明義倡爾衆教之以服五要權文德不畏强寵同注
路謂口遠之也教之以服先王法服也五遂一道其通一决其壅二絶
口無赦不疑三挫鋭無赦不危四閑兵無用不害五
復尊離群不敵羣離故不敵也七倫一毀城寡守不路路通二
通道不戰三小國不凶不伐四正維昌静不疑五睦
忍寧于百姓中厚忍辱六禁害求濟民七一德訓民民乃
章明於教訓欽哉欽哉余夙夜求之無射

周書卷第三

周書卷第四

晉孔晁注

和寤解第三十四

王乃出圖商至于鮮原近岐周之地也小山曰鮮召邵公奭畢公高王曰嗚呼敬之哉無競惟人人允忠惟事惟敬小人難保言王以多賢人為險保安之也后降惠于民民罔不格惟風

行賄賄無成事人之歸惠如草應風如用賄則無成事緜緜不絕蔓蔓若何豪末不掇將成斧柯此言防患在微也王乃厲翼于尹氏八士唯固允讓厲奬厲也武王賢臣也德降爲則振于四方行有令問成和不逆加用禱巫神人允順言皆順成和志也

武寤解第三十五

王赫奮烈八方咸發高城若地商庶若化言士卒應王之奮烈視高城若平地若乜恐怖也約期于牧案用師旅商不足滅分禱上下於牧野將戰先薦天地也王食無疆王不食言庶赦定宗言當赦其罪人定其宗主不食言也尹氏八士太師三公咸作有續神無不饗羣臣言皆謀立功而神明享其禱王克配天合于四海惟乃永

寧（德合四表）

克殷解第三十六

周車三百五十乘陳于牧野帝辛從（十三年正月牧野商郊紂出朝歌二十里而迎戰也）武王使尚父與伯夫致師（挑戰也）王既以虎賁戎車馳商師商師大敗（戎車三百五十乘則士卒三萬六千三百五十人有虎賁三千五百人也）商辛奔內登于廩臺之上屛遮而自燔于火（屛遮自障）武王乃手太白以麾諸侯諸侯畢拜遂揖之（太白旗名揖召也揖諸侯共追紂也）商庶百姓咸俟于郊（待文王於郊郭外也）群賓僉進曰上天降休再拜稽首（諸侯賀武王也）武王荅拜先入適王所乃尅射之三發而後下車而擊之以輕呂

斬之以黃鉞〔輕呂劍名〕折懸諸太白〔斬絕其首〕適二女之所乃既縊〔二女妲巳及嬖妾縊自縊也〕王又射之三發乃右擊之以輕呂斬之以玄鉞懸諸小白〔玄鉞黑斧小白旗名也〕乃出場于厥軍〔場平治社以及宮徹宜去者宜居者居遷也〕及期百夫荷素質之旗于王前〔素質白旗前為王道也一作以前前于王〕叔振奏拜假〔羣臣諸侯應拜假者也則〕

〔晉叔振奏行也〕又陳常車周公把大鉞召公把小鉞以夾王〔常車威儀車也三公夾衛王也〕泰顛閎夭皆執輕呂以奏王王入即位于社太卒之左〔執王輕呂當門奏太卒屯兵以衛也〕群臣畢從毛叔鄭奉明水衛叔傳禮〔羣臣盡從王而衆叔相礼〕召公奭贊采師尚父牽牲〔贊佐采事也倅王也〕尹逸筴曰殷末孫受德迷先成湯

之明侮滅神祇不祀（紂字受德也神祇天地也辛天地則宗廟已下發可知也）昏暴商邑百姓其彰顯聞於昊天上帝（言上天五帝皆知紂惡也）周公再拜稽首乃出（受天大命以改殷天明命王天口也）立王子武庚命管叔相（為三監監殷人）乃命召公釋箕子之囚命畢公衛叔出百姓之囚（紂所拘囚者也）乃命南宮忽振鹿臺之財巨橋之粟（忽即括散之以施惠也）乃命南宮百達史佚遷九鼎三巫（鼎王者所傳宝三巫地名）乃命閎夭封比干之墓（益其緣也）乃命宗祀崇賓饗禱之于軍（宗祀主祀賓敬也饗祭前所禱之神）乃班（還鄗京也）

大匡解第三十七

惟十有三祀王在管管叔自作殷之監東隅之侯咸

受賜于王王乃旅之以上東隅（東隅自殷以東旅謂各使陳其政事者也）用大臣順九則八宅六位（言大臣有此法）寬儉恭敬夙夜有嚴（言當嚴敬思所順也）昭質非樸樸有不明明執於私私回不中中忠於欲思慧醜詐（中於欲謂忠於絶私私欲也）昭信非展展盡不伊伊言於允思復醜譖（展展似信而非伊伊推也）昭讓非背背黨雍德德讓於敬思賢醜爭（讓以得之非弃背也）昭位非忿忿非口直直立於衆思直醜比（位所以行道非以息忿忿怒也）昭政非閑閑非遠節節政於進思止醜殘（政以道民以禁閑之也故貴得節也）昭靜非窮窮居非意意動於行思靜醜躁（仁者好靜窮非取樂）昭潔非爲爲窮非消消潔於行思義醜貪（消潔於利不以

自汚昭因非疾疾非不貞貞固於事思任醜誕（疾口）昭明

九則九醜自齊齊則曰知悖則死勇（明此九法則所醜義成九法咸

則苟死於勇不知節）勇知害上則不登于明堂明堂所以明道

明道惟法（惟以法變化人）法人惟重老重老惟寶嗚呼在昔

文考戰戰惟時祗祗汝其（言所尊重者老人及政之宝也文王唯敬是道汝其

用之汝諸侯也）夙夜濟濟無競惟人惟允惟讓不遠群正不

邇讒邪（言當近正士遠讒人）汝不時行汝害于士士惟都人孝

悌子孫（不行是文王之道其如此也）不官則不長官戒有敬官口

朝道舍賓祭器曰入宅（官以長官所戒惟敬則入宅順矣）綏比新故

外內貴賤曰六位（安之比之各以其道則位順也）大官備武小官成

長（承奉）大匡封攝外用和大（和平大国）中匡用均勞故禮新（士大夫乃賓客）小匡用惠施舍靜衆（靜安也）禁請無怨順生分殺不忘不憚（不計分部不失其理）俾若九則生欲在國國咸敬順維敬敬惟讓讓惟禮（言周大匡使順九則生其所敬於国国人皆順之以敬讓之礼也）辟不及寬有永假（不及言同假於王道）

文政解第三十八

惟十有三祀王在管管蔡開宗循（管管叔之邑二叔開其宗族循鎬宗之政言從化也）王禁九慝昭九行濟九醜尊九德止九過務九勝傾九戒固九守順九典（九人所茂政也濟謂濟其醜以好也順此戒也）

九慝一不類二不服三不則四口務有不功五外有

內通六幼不觀國七閭不通經八家不開刑九大禁不令路徑刑法也令不宣令也九行一仁二行三讓四言五固六姶七義八意九勇意於道也九醜思勇醜忘思意醜變思治醜亂思固醜轉思信醜奸思讓醜殘思行醜頑思仁醜疊殘謂殘礼義也九德一忠二慈三祿四賞五民之利六商工受資七祗民之死八無奪農九足民之則敬死勸葬也是民之則也九過一視民傲二聽民暴三遠慎而近頑四法令□亂五仁善是誅六不察而好殺七不念□害行八不思前後九偷其身不路而助無漁九勝一□□□□二□□□□三同惡潛謀四同好和因

五師口征惡六迎旋便路七明賂施舍八幼子移成九迪名書新（潛謀潛密之謀也移成謂易子而教也蹈名之子書而新用）九戒一內有柔成二示有危傾三旅有罷寘四亂有立信五教用康經六合詳毀成七邑守維人八飢有兆積九勞休無期（柔成善柔謟人也罷寘言□困倉暗也康逸也合詳無德而信也守邑無備恃其人衆皆危道）九守一仁守以均二智守以等三固守以興四信守維假五城溝守立六廉守以名七戒守以信八競守以備九國守以謀（言假言立信當至於義也）九典一祇道以明之二稱賢以賞之三典師以教之四四戚以勞之五位長以遵之六羣長以老之七群醜以移之八什

長以行之九戒卒以將之典師謀各隨所能而教之也遵行之以戒之事也將之軍旅行陣也嗚呼充虛爲害無由不通無虛不敗陰陽姦謂之充國無人謂之虛也

大聚解第三十九

維武王勝殷撫國綏民乃觀於殷政告周公旦曰嗚呼殷政總總若風草有所積有所虛和此如何總總乱也有積有虛言不平也周公曰聞之文考來遠賓廉近者道別其陰陽之利相土地之宜水土之便礼遠賓廣近者道總土宜以受民也營邑制命之曰大聚先誘之以四郊王親在之四郊自近始也在存也口賓大夫免列以選赦刑以寬復亡解辱亡者復之

學者解之削赦□重皆有數此謂行風（行風化也）乃令縣鄙商旅曰能來三室者與之一室之祿（以一大夫之耕祿者）闢開修道五里有郊十里有井二十里有舍（待行旅也）遠旅來至關人易資舍有委（貨易供其資也）市有五均早暮如一送行逆來振乏救窮（均平也言早暮一價）老弱疾病孤子寡獨惟政所老（當先卹也）民有欲畜發令（命之畜牧）以國爲邑以邑爲鄉以鄉爲閭禍災相卹資喪比服（邑閭比相救卹以服祖喪服也）五户爲伍以首爲長十夫爲什以年爲長（首爲伍家家服）合閭立教以威爲長合旅同親以敬爲長（教由威行旅會敬親）飲食相約興彈相庸耦耕□耘男女有婚墳墓相連民乃有

親（言相通也）六畜有群室屋既完民乃歸之（畜牛馬羊犬雞猪）鄉
立巫醫具百藥以備疾灾畜五味以備百草（草味同言五味）
（非一也）立勤人以職孤立正長以順幼立職喪以卹死
立大葬以正同（職立同）君子以脩禮樂立小人以教用
兵（禮樂干戚兵之也）立鄉射以習容春和獵耕耘以習遷行
（群行出入坐起隨行）教芋與樹藝比長立職與田疇皆通（根行田芋）
（比長之職通連比也）立祭祀與歲穀登下厚薄此謂德教（登下隨穀）
（豐儉也）若其凶土陋民賤食貴貨是不知政（不順政故曰凶）山
林藪澤以因其□工匠役工以攻其材商賈趣市以
合其用（言政行也）外商資貴而來貴物益賤資賤物出貴

物以通其器通其有無使相□也夫然則關夷市平財無鬱廢商不乏資百工不失其時無愚不教□無窮乏則此謂和德言政治和之所致也若有不言乃政其凶陂溝道路蕘苴丘壙不可樹穀者樹以材木除蕘種木春發枯槁夏發葉榮秋發實蓏冬發薪烝以臣窮困以此臣之也揖其民力相更爲師因其土宜以爲民資更相爲師臣資次用也則生無乏用使無傳尸此謂仁德傳於溝壑旦閒禹之禁春三月山林不登斧以成草木之長夏三月川澤不入網罟以成魚鱉之長且以并農力執成男女之功男耕女桑成此功也夫然則有生而不失其宜萬物不失其性人不

失其事天不失其時以成萬財萬財既成放此爲人此謂正德（放散供人用也）泉深而漁鼈歸之草木茂而鳥獸歸之稱賢使能官有材而歸之關市平商賈歸之分地薄斂農民歸之水性歸下農民歸利（歷言自然之至）王若欲求天下民先設其利而民自至譬之若冬日之陽夏日之陰不召而民自來此謂歸德（政善德之至也）五德既明民乃知常武王再拜曰嗚呼允哉天民側側余知其極有宜（側側諭多長有國也）乃召昆吾冶而銘之金版藏府而朔之（昆吾古之利冶朔月旦朔省之也）

世俘解第四十

維四月乙未日武王成辟四方通殷命有國言成者執殷俘通之以為國也此克紂還歸而作也惟一月丙辰旁生魄若翼日丁巳王乃步自于周征伐商王紂旁廣大月大時也此本紀始伐紂師度孟津也越若來二月既死魄越五日甲子朝至接于商越於也朔後為死魄則咸劉商王紂執天惡臣百人劉尅也夫惡目崇侯之黨太公望命禦方來丁卯望至告以馘俘太公受命追禦紂黨方來戊辰王遂禦循自祀文王時日王立政禦追循祀以尅紂告祖考壇惟而祭是日立王政布天不呂他命伐越戲方壬申荒新至告以馘俘呂他將也戲方紂三邑也侯來命伐靡集于陳辛巳至告以馘俘侯來亦將也靡陳紂二邑也甲申百弇以虎賁誓命伐衛告

以馘俘百弇亦將辛亥薦俘殷王鼎殷國之鼎武王乃翼矢珪
矢憲告天宗上帝矢陳也稷太牢別於天也王不革服格于廟秉
語治庶國籥人九終不改祭天之服以告祖考急於語治也廟無別人也王烈
祖自太王太伯王季虞公文王邑考以列升維告殷
罪虞公虞仲邑考文王子也皆升王於帝籥人造王秉黃鉞正國伯於蕭
人進則王進王伯之仕也壬子王服衮衣矢琰格廟籥人造王秉
黃鉞正邦君正諸侯之位也癸酉薦殷俘王士百人王士紂王之士所
四俘者籥人造王矢琰秉黃鉞執戈王奏庸大享一終
王拜首稽首王定奏其大享三終大享獻爵奏庸擊鍾甲寅謁
我殷于牧野王佩赤白旂籥人奏武王入進萬獻明

明三終（謂告也明明詩篇名武以干羽為萬舞也）乙卯籥人奏崇禹生開三鍾終王定（崇禹生開皆篇名告非一故連曰有事也）庚子陳本命伐磨百韋命伐宣方新荒命伐蜀乙巳陳本命新荒蜀磨至告禽霍侯俘艾佚侯小臣四十有六禽禦八百有三百兩告以馘俘（此復說魁紂所命伐也庚子三十六月禦大臣也）百韋至告以禽宣方禽禦三十兩告以馘俘百韋命伐厲告以馘俘（言兩厲之言也）武王狩禽虎二十有二貓二糜五千二百三十五犀十有二氂七百二十有一熊百五十有一羆百一十有八豕三百五十有二貉十有八麈十有六麝五十糜三十鹿三千五百有八（武王克紂遂擒其國）

所獲禽獸武王遂征四方凡憝國九十有九國憝惡也馘磿
億有十萬七千七百七十有九俘人三億萬有二百
三十武王以不殺為仁無緣馘億也俘馘之多此大言之也凡服國六百五十
有二此屬紂也口口時四月既旁生魄越六日庚戌武王朝
至燎于周維予冲子綏文此於甲乙十六日也先廟後天者言功業已成故也
武王降自車乃俾史佚繇書于天號使史佚用書重薦俘于天也
武王乃廢于紂矢惡臣人百人伐右厥甲小子鼎大
師廢其惡人伐其小子乃鼎之衆也伐厥四十夫家君鼎帥司徒司
馬初厥于郊號言初魁紂于商郊号令所伐也武王乃夾于南門用
俘皆施佩衣衣先馘入言陳列俘馘于宗廟南門夾道以示衆也取乃表之施之

（以恥也）武王在祀太師負商王紂懸首白旂妻二首赤旂乃以先馘入燎于周廟（王在祀主使樂師以紂首及妻首所馘入廟燎也）若翼日辛亥祀于位用籥于天位（此謂詳庚戌明日郊天祭俘所用籥衣事也）越五日乙卯武王乃以庶祀馘于國周廟翼予冲子斷牛六斷羊二（於辛亥五以諸侯祭日其有斷煞者）庶國乃竟告于周廟曰古朕聞文考修商人典以斬紂身告于天于稷（言諸侯竟殺牲自周廟天稷也）用小牲羊犬豕於百神水土于誓社（百神天宗水土山川誓告也）曰惟予冲子綏文考至于冲子用牛于天于稷五百有四（乃宗廟山川也）用小牲羊豕于百神水土社二千七百有一（所用甚多似皆益之）商王紂于商郊

更說始伐紂時時甲子夕商王紂取天智玉琰瑹身厚以自

焚天智玉之上天美者也璭環以自厚也凡厥有庶告焚玉四千衆人吉武王焚玉四千也五日武王乃俾於千人求之四千庶則銷天

智玉五在火中不銷紂身不盡玉亦不銷凡天智玉武王則寶

與同言王者所宝不銷也凡武王俘商舊玉億有百萬

箕子

耆德並亡

周書卷第四

周書卷第五

晉孔晁注

商誓解第四十三

王若曰告爾伊舊何父□□□□幾耿肅執乃殷之舊官人序文□□□□及太史比小史昔及百官里居獻民□□□來尹師之敬諸戒疾聽朕言用胥生蠲尹王曰嗟爾衆予言非敢顧天命予來致上帝之

咸命明罰今惟新誥命爾敬諸朕話言自一言至于
十話言其惟明命爾王曰在昔后稷惟上帝之言克
播百穀登禹之績凡在天下之庶民罔不維后稷之
元穀用蒸享在商先誓王明祀上帝□□□□亦維
我后稷之元穀用告和用胥飲食肆商先誓王維厥
故斯用顯我西土今在商紂昏憂天下弗顯上帝昏
虐百姓奉天之命上帝弗顯乃命朕文考曰殪商之
多罪紂肆予小子發弗敢忘天命朕考胥翕稷政肆
上帝曰必伐之予惟甲子尅致天之大罰□帝之來
革紂之□予亦無敢違天命敬諸昔在我西土我其

齊言胥告商之百無罪其維一夫予既殛紂承天命
予亦來休命爾百姓里居君子其周即命□□□
□□□□□□□□□□□□□□□□□□□□
□□□□□爾冢邦君無敢其有不告見于我有周
其比冢邦君我無攸愛上帝曰必伐之今予惟明告
爾予其往追□紂達[illegible]集之于上帝天王其有命爾
百姓獻民其有綴芳夫自敬其有斯天命不令爾百
姓無告西土疾勤其斯有何重天維用重勤興起我
罪勤我無克乃一心爾多子其人自敬助天永休于
我西土爾百姓其亦有安處在彼宜在天命□及惻

興亂予保甄其介有斯勿用天命若朕言在周曰商
百姓無罪朕命在周其乃先作我肆罪疾予惟以先
王之道御復正爾百姓越則非朕負亂惟爾在我王
曰百姓我聞古商先誓王成湯克辟上帝保生商民
克用三德疑商民弗懷用辟厥辟今紂弃成湯之典
肆上帝命我小國曰革商國肆予明命汝百姓其斯
弗用朕命其斯爾冢邦君商庶百姓予則□劉滅之
王曰靃予天命維既咸汝克承天休于我有周斯小
國于有命不易昔我盟津帝休辨商其有何國命予
小子肆我殺戎亦辨百虔□□美左右予予肆劉殺

之命今予維篤祐爾予史太史違我史視爾靖疑胥敬請其斯一話敢逸僭予則上帝之明命予爾拜拜□百姓越爾庶義庶刑子維及西土我乃其來即刑乃敬之哉庶聽朕言罔胥告

度邑解第四十四

維王剋殷國君諸侯乃厥獻民徵主九牧之師見王于殷郊王乃升汾之阜以望商邑永歎曰嗚呼不淑兑天對遂命一日維顯畏弗忘王至于周自□至于丘中具明不寢王小子御告叔旦叔旦亟奔即王曰久憂勞問周不寢曰安予告汝王曰嗚呼旦惟天不

亨于殷發之未生至于今六十年夷羊在牧飛鴻過
野天自幽不享于殷乃今有成維天建殷厥徵天民
名三百六十夫弗顧亦不賓成用戾于今嗚呼于憂
茲難近飽于卹辰是不室我來所定天保何寢能欲
王曰旦予克致天之明命定天保依天室志我共惡
俾從殷王紂四方赤宜未定我于西土我維顯服及
德之方明叔旦泣涕于常悲不能對王口口傳于後
王曰旦汝維朕達弟予有使汝汝播食不遑暇食矧
其有乃室今維天使予惟二神授朕靈期于未致予
休近懷予朕室汝維幼子大有知昔皇祖底于今

勖厥遺得顯義告期付于朕身肆若農服田飢以望穫予有不顯朕畀皇祖不得高位于上帝汝幼子庚厥心庶乃來班朕大環茲于有虞意乃懷厥妻子德不可追于上民亦不可荅于朕下不賓在高祖維天不嘉于降來省汝其可瘳于茲乃今我兄弟相後我筮龜其何所即今用建庶達叔旦恐泣涕共手王曰嗚呼旦我圖夷茲殷其惟依天其有憲命求茲無遠天有求繹相我不難自洛汭延于伊汭居陽無固其有夏之居我南望過于三塗我北望過于有嶽丕顧瞻過于河宛瞻于伊洛無遠天室其曰茲曰度邑

武儆解第四十五

惟十有二祀四月王告夢丙辰出金枝郊寶開和細書命詔周公旦立後嗣屬小子誦文及寶典王曰嗚呼敬之哉汝勤之無蓋□周未知所周不周商□無也朕不敢望敬守勿失以詔宥小子曰允哉汝夙夜勤心之無窮也

五權解第四十六

維王不豫于五日召周公旦曰嗚呼敬之哉昔天初降命于周維在文考克致天之命汝維敬哉先後小子勤在維政之失政有三機五權汝敬格之哉克中

無苗以保小子于位三機一疑家二疑德三質士疑
家無授衆疑德□舉士質士無遠齊吁敬之哉天命
無常敬在三機五權一曰地地以權民二曰物物以
權官三曰鄙鄙以權庶四曰刑刑以權常五曰食食
以權爵不遵承括食不宣不宣授臣極賞則濕濕得
不食極刑則仇仇至乃別鄙庶則奴奴乃不滅國大
則驕驕乃不給官無庶則荷荷至乃辛物庶則爵構
不和地庶則荒荒則聶人庶則匱匱乃匿嗚呼敬之
哉汝慎和稱五權維中是以以長小子于位實維永
寧

成開解第四十七

成王九年大開告用（周公大開告道成王用之也）周公曰嗚呼余夙夜之勤今商孽競時逋播以輔余何循何循何慎王其敬天命無易天不虞（言商餘紂子祿父競求是逋播逃越之人以自輔當敬天命備不度者也）在昔文考躬修五典勉茲九功敬人畏天教以六則四守五示三極祗應八方立忠協義乃作（祗敬協和）三極一天有九列別時陰陽二地有九州別處五行三人有四佐佐官維明五示顯允明所望（四佐謂天子前疑後丞左輔右弼也當明謂五示示於民也）五示一明位示士二明惠示眾三明主示寧四安宅示孥五利用示產（王明三明安宅）

妻子寧固利用財産業衆産足窮家懷思終主爲之宗德以撫衆

衆和乃同言五示之義同爲和同也四守一政盡人材材盡致死

二土守其城濊三障水以禦寇四大有沙炭之政任人

盡其材則死力効致大沙熾炭可以政適人也六則一和衆二發鬱三明怨

四轉怒五懼疑六因欲鬱謂穀帛滯積省也怨則轉之懼則疑之欲則因之此文

王所以尅紂也九功一實好在笥二淫巧破制三好危破事

四任利敗功五神巫動衆六盡哀民匱七荒樂無別

八無制破教九任謀生詐在笥謂實幣於笥即限也盡謂送終過制也無別

亂同也任謀謂權變也不犯此則成功也和集集以禁實有離莫遂通其

五典一言父典祭祭祀昭天百姓若敬二顯父登德

德降為則則信民寧（言祭祀見享受福民乃化則法信民心也）三正父登過過慎於武設備無盈（使正卒事過於前無自滿）四機父登失脩□□官官無不敬五□□□□制哀節用政治民懷（使刺褻之士卒政之失其官官無不敬矣懷猶歸之也）五典有常政乃重開之守內則順意外則順敬內外不爽是曰明王（重開言無爽也）王拜曰允哉維予聞曰何鄉非懷懷人惟思思若不及禍格無日（格至）式皇敬哉余小子思繼厥常以昭文祖定武考之列（式用皇天）嗚呼余夙夜不寧

作雒解第四十八

武王克殷乃立王子祿父俾守商祀（封以鄭祭成湯）建管叔

于東建蔡叔霍叔于殷俾監殷臣東謂衛口鄘霍叔相祿父也武

王既歸成歲十二月崩鎬肂于岐周乃謂乃後之歲也肂攢塗周

公立相天子三叔及殷東徐奄及熊盈以略立謂為宰攝政

也殷祿父徐戎奄謂殷之諸侯周公召公內弭父兄外撫諸侯九年

夏六月葬武王於畢弭安畢也二年又作師旅臨衛政殷

殷大震潰下叛其上曰潰降辟三叔王子祿父北奔管叔經

而卒乃囚蔡叔于郭淩郭淩地名因拘也凡所征熊盈族十

有七國俘維九邑俘因為奴十七国之九邑罪重故囚之俘殷獻民遷

于九里賢民士大夫也九里成周之地近王化也俾康叔宇于殷俾中旄

父宇于東康叔代霍叔中旄代管叔周公敬念于後曰予畏同室

克追俾中天下[成王二年秋迎周公二年春歸也周公追長尊王也]及將致政乃作大邑成周于土中[王城也於天下上爲中]城方千七百二十丈郛方七百里南繫于洛水地因于郟山以爲天下之大湊[郛郭也繫因皆連接也湊湊會也]制郊甸方六百里國西土爲方千里[西土岐周通爲畿内]分以百縣縣有四郡郡有口鄙大縣城方王城三之一小縣立城方王城九之一[三三九分居其一]郡鄙不過百室以便野事[耕桑之事]農居鄙得以庶士士居國家得以諸公大夫[居治也治鄙以農治国家以大夫]凡工賈胥市臣撲州里俾無交爲[工商百胥人且撲各異州里而居不相雜交也胥待此]乃設丘兆于南郊以上帝配口后稷[設築壇城内郊

南郭也日月星辰先王皆與食先王后稷謂郊時諸受命於周

乃建大社于周中受封也其壝東青土南赤土西白土

北驪土中央疊以黃土將建諸侯鑿取其方一面之

土苞以黃土苴以白茅以為土封故曰受則土於周

室其方謂建東方諸侯以青土也覆茅苴畏土封之為社也乃位五宮大廟宗宮

考宮路寢明堂五宮宮府寺也大廟后稷二宮祖考廟也路寢王所居也明堂在国南者

也咸有四阿反坫重亢重郎常累復格藻梲設移旅

楹惷常畫咸皆也廟四下曰阿反坫外尚室也重亢累棟也重郎累屋也常累系也復格累之

孺也井藻梲登梁柱也承屋曰移旅別也惷謂藻井之飾也言皆登列樣為之也內階玄階

堤唐山廧以黑石為階唐中庭道堤謂為高之也廧謂登山雲應門庫臺玄閫

門者皆有臺於庫門見之後可知也又以黑石爲門階也

皇門解第四十九

維正月庚午周公格左閎門會群門格至也路寢左門曰皇門閎音皇也曰嗚呼下邑小國克有耇老據屏位建沈入非不用明刑耇老之賢人也又建立沈伏賢人不用明法維其開告于予嘉德之說言下邑所行而我法之是開告我於善德之說命我辟王小至于大我聞在昔有國誓王之不綏于卹小至于大者小人邦君也卹憂言思治也乃維其有大門宗子勢臣内不茂揚肅德訖亦有孚以助厥辟勤王國王家大門宗子適長勢臣顯仕茂勉肅敬訖既也孚信也乃方求論擇元聖武夫羞于王所言旁自羞進其善臣以至

十有分私子苟克有常罔不允通咸獻言在于王
私子庶孽也常謂常德言皆信通於義以益王也人斯是助王恭明祀敷明
刑言善人君子皆順是助法王也王用有監明憲朕命用克和有成
用能承天嘏命監視明此事法故能承天命王天下也百姓兆民用罔
不茂在王庭勉在王庭獻言于王所也先用有勸永有口于上下
上謂天下謂地也人斯既助厥勤勞王家助君也謂大明衆于也先人
神祇報職用休俾嗣在厥家先人及天地報之王用善詔家王國用
寧小人用格口能稼穡咸祀天神戎兵克慎軍用克
多神祐之故王用奄有四鄰遠土丕承萬子孫用末被先
王之靈光奄同丕大末終至于厥後嗣弗見先王之明刑維

時及胥學于非夷時有胥相爲是相奎与非常也以家相厥室弗卹

王國王家維德是用言勢人以大夫私家不憂王家之用德以昏求臣

作威不祥不屑惠聽無辜之亂祥善也不察無罪以惡民也辭是

羞于王言順不進之辭于王王皂良乃惟不順之言于是人斯

乃非維直以應維作誣以對俾無依無助皁大良善也王求善

而是人作誣以對故王無依助也譬若畋犬驕用逐禽其猶不克有

獲驕謂不習也言之無得猶驕犬逐禽不能獲是人斯乃讒賊媢嫉以

不利于厥家國言賊仁賢忌媢嫉妬以不利其君譬若匹夫之有婚

妻曰予獨服在寢以自露厥家收室也言百露於家言謂美好喻昏臣也

媢夫有邇無遠乃食善夫俾莫通在士王所食焉野

瘝夫見近利而無遠慮利〻爲掩蓋善夫使莫通乃維有奉狂夫是陽是繩是以爲上是授司事于正長言陽奉狂夫以爲上人口爲官長正主其事也命用迷亂獄用無成小民率穡命者教也率皆扁愁困也保用無用壽亡以嗣天用弗保時[illegible]民之用無所宣施是故民失其[illegible]性天所不安用非其人故也媢夫先受殄罰國亦不寧嗚呼敬哉監于茲朕維其及殄絕其世也及其人也朕蓋臣夫明爾德以助予一人憂蓋進也言我進用之臣夫明朋之德助我憂天下者無維乃身之暴皆卹爾假予德憲資告予元假借資用也借我法用德之告我我大德之所行也譬若衆畋常扶予險乃而予于濟如衆令畋獵相扶持也濟遂也汝無作

大戒解第五十

維正月既生魄王訪于周公曰嗚呼朕聞維時兆厥工非不顯朕實不明非□始工官言政治維□是始正其官維士非不務而不得助大則驕小則懾懾謀不極言務求士而不得助如此之難極中也予重位與輕服非共得福厚用遺重所重在於重位輕服所立非夫德而厚福用之是求益之言也庶止生郄庸行信貳衆輯群政不輯多匿嗚呼予夙勤之無或告余非不念念不知止容德常信貳則難得其中也我雖勤之無有告我者徒知而不得明知也周公曰於敢稱乃武考之言曰微言入心夙喻動衆大乃不驕行惠於小小乃不懾言汝之武王有其言連官集乘同憂若一謀有不行予惟重告爾連官則同憂戚集衆事則同憂濟謀有不行必行也[illegible]

以餌士權先申之明約必遺之餌謂爵祿權謂勢重其位不尊
其謀不陽我不畏敬材在四方言常畏敬賢者尊其位陽其謀也在四方
言畔無擅于人塞匿勿行惠戚咸服孝悌乃明擅人專己塞逆
陰忌事惠順戚近也明立威耻亂使衆之道撫之以惠內姓無
惑外姓無謫鄙耻其亂則思治矣內長同姓同宗外異姓謫過人知其罪上
之明審教幼乃勤貧賤制□設九備乃無亂謀上明則不
隱情故日知罪九備一忠正不荒美好乃不作惡順人心明察則民化
布善四□說聲色憂樂盈匿五碩信傷辯曰費□□六
出觀好怪內乃淫巧碩大怪異七□□謀躁內乃荒異八
□□好威民衆曰逃九富寵極足是大極內心其離

離室也九備既明我貴保之應協以動遠邇同功應協以動動必以和謀和適同覆以觀之上明仁義援貢有備上謂君也聚財多□以援成功克禁淫謀衆匿乃雍言閉塞不行也順得以動人以立行輔佐之道上必盡其志然後得其謀言和輯求助當先順人也無棄其信雖危不動□□以昭其乃得人轉移貞信如此得其用也上危而轉下乃不親上危而下不親之不足信故也王拜曰允哉允哉敬行天道

周書卷第五

周書卷第六

晉孔晁注

周月解第五十一

惟一月既南至昏昴畢見日短極基踐長微陽動于黄泉陰慘于萬物是月斗柄建子始昏北指陽氣虧草木萌蕩日月俱起于牽牛之初右回而行月周天起一次而與日合宿日行月一次周天歷舍于十有

二辰終則復始是謂日月權輿周正歲道數起于時一而成于十次一為首其義則然凡四時成歲有春夏秋冬各有孟仲季以名十有二月中氣以著時應春三月中氣雨水春分穀雨夏三月中氣小滿夏至大暑秋三月中氣處暑秋分霜降冬三月中氣小雪冬至大寒閏無中氣斗指兩辰之間萬物春生夏長秋收冬藏天地之正四時之極不易之道夏數得天百王所同其在商湯用師于夏除民之災順天革命改正朔變服殊號一文一質示不相沿以建丑之月為正易民之視若天時大變亦一代之事亦越我周

王致伐于商改正異械以垂三統至於敬授民時巡
狩祭享猶自夏焉是謂周月以紀于政

時訓解第五十二

立春之日東風解凍又五日蟄蟲始振又五日魚上
冰風不解凍號令不行蟄蟲不振陰姧陽魚不上冰
甲冑私藏雨水之日獺祭魚又五日鴻鴈來又五日
草木萌動獺不祭魚國多盜賊鴻鴈不來遠人不服
草木不萌動果蔬不熟驚蟄之日桃始華又五日倉
庚鳴又五日鷹化爲鳩桃始不華是謂陽否倉庚不
鳴臣不口主鷹不化鳩寇戎數起春分之日玄鳥至

又五日雷乃發聲又五日始電玄鳥不至婦人不口雷不發聲諸侯口民不始電君無威震清明之日桐始華又五日田鼠化爲鴽又五日虹始見桐不華歲有大寒田鼠不化鴽國多貪殘虹不見婦人苞亂穀雨之日萍始生又五日鳴鳩拂其羽又五日戴勝降于桑萍不生陰氣憤盈鳴鳩不拂其羽國不治兵戴勝不降于桑政教不中立夏之日螻蟈鳴又五日蚯蚓出又五日王瓜生螻蟈不鳴水潦淫漫蚯蚓不出嬖奪后王瓜不生困於百姓小滿之日苦菜秀又五日靡草死又五日小暑至苦菜不秀賢人潛伏靡草

不死國縱盜賊小暑不至是謂陰慝芒種之日螳螂
生又五日鵙始鳴又五日反舌無聲螳螂不生是謂
陰息鵙不始鳴令姦壅偪反舌有聲佞人在側夏至
之日鹿角解又五日蜩始鳴又五日半夏生鹿角不
解兵草不息蜩不鳴貴臣放逸半夏不生民多厲疾
小暑之日溫風至又五日蟋蟀居壁又五日鷹乃學
習溫風不至國無寬教蟋蟀不居壁急恒之暴鷹不
學習不備戎盜大暑之日腐草化爲螢又五日土潤
溽暑又五日大雨時行腐草不化爲螢穀實鮮落土
潤不溽暑物不應罰大雨不時行國無恩澤立秋之

日涼風至又五日白露降又五日寒蟬鳴涼風不至無嚴政白露不降民多邪病寒蟬不鳴人皆力爭處暑之日鷹乃祭鳥又五日天地始肅又五日禾乃登鷹不祭鳥師旅無功天地不肅君臣乃□農不登穀暖氣爲灾白露之日鴻鴈來又五日玄鳥歸又五日群鳥養羞鴻鴈不來遠人背畔玄鳥不歸室家離散群鳥不養羞下臣驕慢秋分之日雷始收聲又五日蟄蟲培戶又五日水始涸雷不始收聲諸侯淫佚蟄蟲不培戶□靡有賴水不始涸甲蟲爲害寒露之日鴻鴈來賓又五日爵入大水化爲蛤又五日菊有黃

華鴻鴈不來小民不服爵不入大水失時之極菊無黃華土不稼穡霜降之日豺乃祭獸又五日草木黃落又五日蟄虫咸附豺不祭獸爪牙不良草木不黃落是謂愆陽蟄虫不咸附民多流亡立冬之日水始冰又五日地始凍又五日雉入大水爲蜃水不冰是陰負地不始凍咎徵之咎雉不入大水國多淫婦雪之日虹藏不見又五日天氣上騰地氣下降又日閉塞而成冬虹不藏婦不専一天氣不上騰地不下降君臣相嫉不閉塞而成冬母后淫佚大雪之日鶡鳥不鳴又五日虎始交又五日茘挺生鶡鳥

口口口口虎不始交口口口口口荔挺不生卿士專權冬至之日蚯蚓結又五日麋角解又五日水泉動蚯蚓不結君政不行麋角不解兵甲不藏水泉不動陰不承陽小寒之日鴈北向又五日鵲始巢又五日雉始雊鴈不北向民不懷主鵲不始巢國不寧雉不始雊國大水大寒之日雞始乳又五日鷙鳥厲又五日水澤腹堅雞不始乳淫女亂男鷙鳥不厲國不除兵水澤不腹堅言乃不從

謚法解第五十四

維周公旦太公望開嗣王業攻于牧野之中終葬乃

制諡叙法諡者行之迹也號者功之表也車服位之
章也古者有大功則善號以爲福也是以大行受大名細行受小名
行出於己名生於人名謂號諡一人無名曰神不名壹善稱善
口簡曰聖所稱得人所善得實所別得簡敬賓厚禮曰聖聖於禮也德象
天地曰帝同於天地靜民則法曰皇靜安仁義所在曰王民從
之也立制及衆曰公志無私也執應八方曰侯所執行八方應之也壹
德不解曰簡壹不委曲平易不疵曰簡疵多病也經緯天地曰
文成其道也道德博厚曰文無不知之學勤好問曰文不恥下問慈
惠愛民曰文惠以成文也愍民惠禮曰文以禮安人錫民爵位
曰文與可舉也剛彊直理曰武剛無欲彊不撓直正無曲理忠恕也威彊敵

德曰武恩有德者敬也克定禍亂曰武以兵征故解也刑民克服曰武法正民能使服大志多窮曰武大志行兵多所窮也敬事供上曰恭恭奉也尊賢貴義曰恭尊貴賢人寵貴義士尊賢敬讓曰恭敬有德讓有功既過能改曰恭言有智也執事堅固曰恭守正不移安民長悌曰恭順長接弟執禮敬賓曰恭迎待賓也芘親之門曰恭無德以益之也尊長讓善曰恭不尊己善推於他人淵源流通曰恭性無所忌也照臨四方曰明以明照之譖訴不行曰明逆知之故不行威儀悉備曰欽威則可畏儀則可象大慮靜民曰定思樹惠也安民大慮曰定以慮安民安民法古曰定不失舊意也純行不[illegible]曰定行壹不傷謀慮不威曰德不以威相拒也辟地有德曰襄取之以義甲胄

有勞曰襄言成征伐有伐而還曰釐知難而退質淵受諫曰釐
深故能受慈惠愛親曰釐言周愛親族也愽聞多能曰獻雖多能不至大
道聰明叡哲曰獻有通知之聰也温柔聖善曰懿性純淑也五宗
安之曰孝五世之宗也協時肇享曰孝協合肇始也常如始秉德不
回曰孝順於德而不逆大慮行節曰孝言成其節執心克莊曰齊
能自齊也輔輕供就曰齊輕有所輔而供成也温年好樂曰康好豐年勤
民事安樂撫民曰康無四方之虞令民安樂曰康富而教之安民
立政曰成政以安之布德執義曰穆穆純也中情見貌曰穆
任口路也敏以敬順曰頃無所不敬順也昭德有勞曰昭能勞謙也聖
文周達曰昭聖文通治也保民耆艾曰胡六十曰耆七十曰艾彌年

壽考曰胡（大其年也）彊毅果敢曰剛（彊於仁義致果曰毅）追補前過曰剛（勸善以補過也）柔德考衆曰靜（成衆使安也）供己鮮言曰靜（供己之身鮮言而正）寛樂令終曰靜（性寛樂義以善自終）治而清省曰平（無失闕之病也）執事有制曰平（在位平意也）布綱治紀曰平（施之政事）由義而濟曰景（用義而成也）布義行剛曰景（以剛行義也）清白守節曰貞（行清白志固也）大慮克就曰貞（能大慮非正則不可）不隱無克曰貞（坦然無私也）彊以剛果曰威（彊甚剛也）猛以彊果曰威（亦彊甚於剛也）彊毅信正曰威（信正言無邪也）辟土服遠曰桓（兼人故啓土也）道德純一曰思（道大而德一也）不眚兆民曰思（大親民而不殺）外内思索曰思（言求善也）追悔前過曰思（思而能改也）柔質受

諫曰惠（以惠愛人）能思辯衆曰元（別之使各有次也）行義說民曰元（民說其義）始建國都曰元（非善之長可一始也）主義行德曰元（以義為主作德政也）兵甲亟作曰莊（以數征為嚴）叡通克服曰莊（通達使能服也）死於原野曰莊（非嚴何以死難）屢征口伐曰莊（以嚴口之）武而不遂曰莊（武功不成）克殺秉正曰夷（秉正不任賢也）安心好靜曰夷（不爽正也）執義揚善曰懷（稱人之善）慈義短折曰懷（短未六十折未三十）夙夜警戒曰敬（敬身思戒）夙夜恭事曰敬（敬以莅事也）象方益平曰敬（法常而加之以敬也）合善法典曰敬（非敬何以善也）述善不克曰丁（不能成義）述義不悌曰丁（不悌不遜順也）有功安民曰烈（以武立功）秉德遵業曰烈（遵世業不墮改）剛克為伐曰翼（威功也）思

慮深遠曰翼好遠思仕能也剛德克就曰肅成其不欲使為就執心

決斷曰肅言嚴果也愛民好治曰戴好民治也典禮不塞曰戴

迎死而志成曰靈立志不口命也亂而不損曰靈不口以治極知

鬼事曰靈知其能聰徹也不勤成名曰靈本任性不見賢思齊死見鬼

能曰靈有鬼為厲好祭鬼神曰靈敬鬼神不能遠也短折不成曰

殤有知而夭殤也未家短折曰殤未家者未室家也不顯尸國曰隱

以闇主國也隱拂不成曰隱言其隱拂敗其性也年中早夭曰悼年不

肆志肆行勞祀曰悼縱於心勞於淫祀言不脩德也恐懼從處曰悼從處

言口地也不思忘愛曰刺忘其愛己者也愎很遂過曰刺去諫曰愎反是

曰很外內從亂曰荒官不治家不理好樂怠政曰荒淫於聲色怠忽政事

在國逢難曰愍（逢兵冦之事也）使民折傷曰愍（苛政賊害）在國連憂曰愍（仍多大喪）禍亂方作曰愍（國無政動長亂）蚤孤短折曰哀（早者未知人事）恭仁短折曰哀（體恭質仁功未施也）蚤孤有位曰幽（有喪即位而卒也）壅遏不通曰幽（嚙損不也）動祭亂常曰幽（易神之班）克威捷行曰魏（有威而敏行）克威惠禮曰魏（有威而敏行也）去禮遠衆曰煬（內好多淫外則荒政）甄心動懼曰甄（甄積也）容儀恭美曰勝（有儀可象行恭可美）威德剛武曰圉（圉御也能御亂患也）聖善周聞曰宣（聞謂所聞善事也）治民克盡曰口（克盡無恩惠也）行見中外曰慤（言表裏如一也）勝敵壯志曰勇（不口勝）照功寧民曰商（明有功也）狀古述今曰譽（言立人稱）心能制義曰庶（制得事宜）好和不爭

曰安失在少斷外內貞復曰白正而□終始一也不生其國曰聲
生於外家致戮無辜曰厲賊良善人官人應實曰知能官人也凶年
無穀曰糠不務稼穡名實不爽曰質不爽應也不悔前過曰戾
知而不改溫良好樂曰良言人行可好可樂也怙威肆行曰醜肆意
行威勤政無私曰類無私惟義所[illegible]好變動民曰躁數移徙也慈和
徧服曰順能使人皆服其慈和滿志多窮曰感自足者必不足也危身
奉上曰忠險不辭勞也思慮深遠曰□自任多近於專息政外交
曰推不自明而侍外也疏遠繼位曰紹非其次第偶得之也彰義掩過
曰堅明義以蓋前過肇敏行成曰直始疾行成言不深也內外賓服曰
正言以正口也華言無實曰□□□□□□教誨不倦曰長以道

教之也
愛民在刑曰克道之以政齊之以刑畱於賜與曰愛言貪恡也
逆天虐民曰煬所尊天而逆天好廉自克曰節自節以情欲也擇善
而從曰比比方善而從之好更改舊曰易變改常名與實爽曰
繆言名美而實傷思厚不爽曰愿不差所思而得也貞心大度曰匡
心正而明察也隱哀之也施爲文也除爲武也除惡辟地爲襄
視遠爲恒剛克爲發柔克爲懿履亡爲莊有過爲僖
施而不成曰宣惠無内德曰獻無内德惠不成也治而生眚
爲平亂而不損爲靈由義而濟爲景失無口則以其
明餘口象也以其明所及爲諡象諡象其事行也和會也勤勞也遵循
也爽傷也肇始也乂治也康安也怙恃也享祀也胡

大也服敗也康順也就會也愱過也錫與也典常也
肆方也糠虐也叡聖也惠愛也綏安也堅長也耆彊
也考成也周至也懷思也式法也敏疾也捷克也載
事也彌久也

明堂解第五十五

大維商紂暴虐晡鬼侯以享諸侯天下患之四海兆
民欣戴文武是以周公相武王以伐紂夷定天下既
克紂六年而武王崩成王嗣幼弱未能踐天子之位
周公攝政君天下弭亂六年而天下大治乃會方國
諸侯於宗周大朝諸侯明堂之位天子之位負斧扆

南面立率公卿士侍于左右三公之位中階之前北面東上諸侯之位阼階之東西面北上諸伯之位西階之西東面北上諸子之位門内之東北面東上諸男之位門内之西北面東上九夷之國東門之外西面北上八蠻之國南門之外北面東上六戎之國西門之外東面南上五狄之國北門之外南面東上四塞九口之國世告至者應門之外北面東上宗周明堂之位也明堂明諸侯之尊卑也故周公建焉而明諸侯於明堂之位制禮作樂頒度量而天下大服萬國各致其方賄七年致政於成王

嘗麥解第五十六

維四年孟夏王初祈禱于宗廟乃嘗麥于太祖是月王命大正正刑書爽明僕告既駕少祝導王亞祝迎王降階即假于太宗少宗少祕于社各牡羊一牡豕三史導王于北階王涉階在東序乃命太史尚太正即居于戶西南向九州口伯咸進在中西向宰乃承王中升自客階作筴執筴從中宰坐尊中于大正之前太祝以王命作筴筴告太宗王命口口祕作筴許諾乃北向繇書于內楹之門王若曰宗揜大正昔天之初口作二后乃設建典命赤帝分正二卿命蚩尤

于宇少昊以臨四方司□□上天末成之慶蚩尤乃
逐帝争于涿鹿之河九隅無遺赤帝大懾乃説于黄
帝執蚩尤殺之于中冀以甲兵釋怒用大正順天思
序紀于大帝用名之曰絶轡之野乃命少昊請司馬
鳥師以正五帝之官故名曰質天用大成至于今不
亂其在殷之五子忘伯禹之命假國無正用胥興作
亂遂凶厥國皇天哀禹賜以彭壽思正夏略今予小
子聞有古遺訓予 亦述朕文考之言不易予用皇威
不忘祗天之明典令□我大治用我九宗正州伯教
告于我相在大國有殽之□辟自其作□于古是威

厥邑無類于冀州嘉我小國小國其命余克長國王
嗚呼敬之哉如木既顛厥巢其猶有枝葉作休爾弗
敬恤爾執以屏助予一人集天之顯亦爾子孫其能
常憂恤乃事勿畏多寵无愛乃囂亦無或刑于鰥寡
罪罪惠乃其常無别于民衆臣咸興受大正書乃降
大史筴刑書九篇以升授大正乃左還自兩柱之間
口箴大正曰欽之哉諸正敬功爾頌審三節無思民
因順爾臨獄無頗正刑有掇夫循乃德式監不遠以
有此人保寧爾國克戒爾服世世是其不殆維公咸
若太史乃降太正坐舉書乃中降再拜稽首王命太

史正升拜于上王則退是月士師乃命太宗序于天
時祠大暑乃命少宗祠風雨百享士師用受其馘以
爲之資邑乃命百姓遂享于富無思民疾供百享歸
祭閭率里君以爲之資野宰乃命冢邑縣都祠于太
祠乃風雨也宰用受其職馘以爲之資采君乃命天
御豐穡享祠爲施大夫以爲資箴太史乃藏之于盟
府以爲歲典

本典解第五十七

維四月既生魄王在東宮召公告周公曰嗚呼朕聞
武考不知乃問不得乃學俾資不肖永無惑矣今朕

不知明德所則政教所行字民之道禮樂所生非不念而知故問伯父周公再拜稽首曰臣聞之文考能求士□者智也與民利者仁也能收民獄者義也能督民過者德也爲民犯難者武也智能親智仁能親仁義能親義德能親德武能親武五者昌于國曰明明能見物高能致物物備咸至曰帝帝鄉在地曰本本生萬物曰世世可則□曰至至德照天百姓□驚備有好醜民無不戒顯父登德德降則信信則民寧爲畏爲極民無淫慝生民知常利之道則國彊序明好醜□必固其務均分以利之則民安□用以資之

則民樂明德以師之則民讓生之樂之則母之禮也政之教之遂以成之則父之禮也父母之禮以加于民其慈□□古之聖王樂體其政士有九等皆得其宜曰材多人有八政皆得其則曰禮服士樂其生而務其宜是故奏鼓以章樂奏舞以觀禮奏歌以觀和禮樂既和其上乃不危王拜曰允哉幼愚敬守以爲

本典

月令 闕

周書卷第六

周書卷第七

官人解第五十八　　晉孔晁注

王會解五十九

官人解第五十八

王曰嗚呼大師朕維民務官論用有徵觀誠考言視聲觀色觀隱揆德可得聞乎周公曰亦有六徵嗚呼乃齊以揆之一曰富貴者觀其有禮施貧賤者觀其有德守嬖寵者觀其不驕奢隱約者觀其不懾懼其少者觀其恭敬好學而能悌其壯者觀其廉潔務行而勝私其老者觀其思慎而□彊其所不足者觀其不踰父子之間觀其和友君臣之間觀其忠惠鄉黨

之間觀其信誠省其居處觀其方□省其喪哀觀其
貞良省其出入觀其交友省其交友觀其任廉設之
以謀以觀其智示之以難觀其勇煩之以事以觀
其治臨之以利以觀其不貪濫之以樂以觀其不荒
喜之以觀其輕怒之以觀其重醉之酒以觀其恭縱
之色以觀其常遠之以觀其不二昵之以觀其不狎
復徵其言以觀其精曲省其行以觀其備此之謂觀
誠二曰方與之言以觀其志以淵其器寬以慄其
色儉而不諂其禮先人其言後人見其所不足曰益
者也好臨人以色高人以氣賢人以言防其所不足

發其所能曰損者也其貌直一 其言正而不私
不飾其美不隱其惡不防其過曰有質者也其貌曲
媚其言工巧飾其見物務其小證以故自說曰無質
者也喜怒以物其色不變煩乱以事而志不營深導
以利而心不移臨懾以威一氣不卑曰平心而固守
者也喜怒以物而心變易煩乱以事而志不治導之
以利而心遷移臨懾以威而氣慄懼曰鄙心而假氣
者也設之以物而數決敬之以卒而度應不文而辯
曰有慮者也難決以物難悅以守一而不可變因而
不知止曰愚依人也營之以物而不誤犯之以卒而

不懼置義而不可遷臨之貨色而不過曰果敢者也移易以言志不能固已諾無決曰弱志者也順予之弗爲喜非奪之弗爲怒沉静而寡言多稽而險貌曰質静者也屛言弗顧自順而弗讓非是而彊之曰始誣者也徵而能發察而能深寬順而恭儉温柔而能斷果敢而能屈曰志治者也華廢而誣巧言令色皆以無爲有者也此之謂考言三曰誠在其中必見諸外以其聲處其實氣初生物物生有聲聲有剛柔清濁好惡咸發于聲心氣華誕者其聲流散心氣順信者其聲順節心氣鄙戾者其聲醒醜心氣寬柔者其

聲溫和信氣中易義氣時舒和氣簡備勇氣壯力聽
其聲處其氣考其所爲觀其所由以其前觀其後以
其隱觀其顯以其小占其大此之謂視聲四曰民有
五氣喜怒欲懼憂喜氣內蓄雖欲隱之陽喜必見怒
氣內蓄雖欲隱之陽怒必見欲氣懼氣憂悲之氣皆
隱之陽氣必見五氣誠于中發形于外民情不可隱
也喜色猶然以出怒色薦然以侮欲色嫗然以愉懼
色薄然以下憂悲之色瞿然以靜誠智必有難盡之
色誠仁必有可尊之色誠勇必有可新之色誠潔必
有難汙之色誠口必有可信之色質浩然固以安僞

蔓然乱以煩雖欲改之中色弗聽此之謂觀色五曰民生則有陰有陽人多隱其情飾其僞以攻其名有隱於仁賢者有隱於智理者有隱於文藝者有隱於廉勇者有隱於交友者如此不可不察也小施而好德小讓而爭大言願以爲質□愛以爲忠尊其得以改其名如此隱於仁賢者也前總唱功慮誠弗及佯爲不言内誠不足色示有餘自順而不讓措辭而弗遂此隱於智理者也動人以言竭而弗終問則不對佯爲不窮□貌而有餘假道而自順因之□初窮則託深如此者隱於文藝者也□言以爲廉矯厲以爲

勇內恐外誇亟称其說以詐臨人如此隱於廉勇者也自事其親而好以告人飾其見物不誠於內發名以事親自以名私其身如此隱於忠孝者也比周以相譽知賢可徵而左右不同不同而交交必重口心說而身弗近□□而實不至懼不盡見於衆而貌克如此隱於交友也此之謂觀隱六曰言行不類終始相悖外內不合雖有假節見行曰非成質者也言忠行夷爭靡及私口弗求及情忠而寬貌莊而安白有仁者也事變而能治效窮而能達措身立方而能遂曰有知者也少言以行恭儉以讓有知而言弗發有

施而口弗德曰謙良者也微忽之乆而可復幽閒之
獨而弗克其行亡如存曰順信者也貴富恭儉而能
施嚴威有礼而不驕曰有德者也隱約而不懾安樂
而不奢勤勞而不變喜怒而有度曰有守者也直方
而不毀廉潔而不戾彊立而無私曰有經者也虛以
待命不召不至不問不言言不過行行不過道曰沈
静者也忠愛以事親驩以盡力而不回敬以盡力而
不口曰忠孝者也合志而同方共其憂而任其難行
忠信而不疑口隱遠而不舍曰口友者也志色乱氣
其人甚偷進退多巧就人甚數辭不至少其所不足

誅而不已曰僞詐者也言行亟變從容克易好惡無常行身不篤曰無誠者也少知而不大決少能而不大成規小物而不知大倫曰華誕者也規諫而不類道行而不平曰竊名者也故曰事阻者不夷時口者不回果敢者也飾貌者不靜假節者不平多私者不義揚言者寡信此之謂揆德

王會解第五十九

成周之會墠上張赤帟陰羽王城既成大會諸侯及四夷也陰鶴也以羽飾帳也除地曰墠帟帳也天子南面立絻無繁露朝服八十物搢珽繁露冕之所垂也所尊敬則有焉八十物大小所服搢插也珽笏也唐叔荀叔周公

在左太公望在右皆絻亦無繁露朝服七十物搢笏旁天子而立於堂上唐荀國名皆成王弟故曰叔旁差在後也近天子後故其冕謂亦無旒也堂下之右唐公虞公南面立焉唐虞二公堯舜後也堂下之左殷公夏公立焉皆南面絻有繁露朝服五十物皆搢笏杞宋二公冕有繁露搢笏則唐虞闕也爲諸侯之有疾病者阼階之南祝淮氏榮氏次之皆西南彌宗旁之淮榮二祝之氏也彌宗官名次珪瓚南差在後爲諸侯有疾病者之醫藥所居使諸左右也居則至也相者太史魚大行人皆朝服有繁露魚太史名及太行人皆贊相賓客禮儀也堂下之東面郭叔掌爲天子菉幣焉絻有繁露郭叔虢文王弟菉錄諸侯之幣也內臺西面者正北方應侯

曹叔伯舅中舅內臺中臺也應侯成王弟比服次之要服次之荒

服次之西方東面正北方伯父中子次之此要服於比服轉遠

殊故殊其名非夷狄之四荒也伯父姬姓之國中子於王子中行者也方千里之外爲

比服方千里之内爲要服三千里之内爲荒服是皆

朝於内者此服名因於殷非周制也堂後東北爲赤弈焉浴盆在

其中雖不用而設之敬諸侯也其西天子車立馬乘亦青陰羽凫

旌鶴凫羽爲旌旄中臺之外其右泰士臺右彌士外謂臺之東西也外

臺右太士右彌士士言尊王太彌相儀之事也受贄者八人東面者四人受賓

幣士也四人東面則西面四人也陳幣當外臺天玄㱂宗馬十二陳東

帛被馬於外臺天玄黑㱂宗尊也王玄繚碧基十二此下三碧皆王故自下以至王

(之玄繚謂之黑組組之基王名有十二基也)參方玄繚璧豹虎皮十二(參方陳幣三所也璧皮兼陳也)四方玄繚璧琰十二(琰珪也有鋒疾陳之四方所列之也)外臺之四隅張赤弈爲諸侯欲息者皆息焉命之曰爻閭(每角張息者隨所近也侯称爻也)周公旦主東方所之青馬黑鬣謂之母兒(周公主東方則太公主西方東青馬則西白馬矣馬名未聞)其守營牆者衣青操弓執矛(戟也各異方)西面者正北方稷慎大麈(稷慎肅慎也貢麈似鹿正北內臺北也)穢人前兒前兒若彌猴立行聲似小兒(穢韓穢東夷別種)良夷在子在子口身人首脂其腹炙之霍則鳴曰在子(良夷樂狼之夷也貢奇獸)楊州禺禺魚名解隃冠(亦奇魚也)發人鹿鹿者若鹿迅走(發亦東夷迅疾)俞人雖

馬俞東北夷雖馬旧駕一角大者曰麟也青丘狐九尾青丘海東地名周頭煇

羝煇羝者羊也周頭亦海東名也黑齒白鹿白馬黑齒西遠之夷也貢

白鹿白馬白民乘黃乘黃者似騏背有兩角白民亦南夷東越

海蛤東越則海際蛤文蛤歐人蟬蛇蟬蛇順食之美東越歐人也比交州

蛇特多為上珍也姑於越納口姑妹珎姑妹國後屬越且甌文蜃且甌

在越文蜃大蛤也共人玄貝共人吴越之蠻玄貝照貝也海陽大蟹海水之陽

一蟹盈車自深桂自深亦南蠻也會稽以鼉皆西鄉其皮可以為鼓首自塵以

下至此向西也正北方義渠以茲白茲白者若白馬鋸牙食

虎豹亦在臺北與大塵相對義渠西戎國茲白一名駮者也史林以尊耳尊耳

者身若虎豹尾長三尺其身食虎豹史林戎之在西南者北唐

戎以閭閭以隃冠（北唐戎在西北者也射礼以閭象爲射器）渠叟以鼩犬鼩犬者露犬也能飛食虎豹（渠叟西戎之别名也）樓煩以星施星施者珥旄（樓煩北狄珥旄所以爲旄羽耳）卜盧以牛牛者牛之小者也（卜盧盧人西北戎也合盧水是）區陽以鼈封鼈封者若彘前後有首（區陽亦戎之名也）規矩以麟麟者獸也（規矩亦戎也麟似麈牛尾一角鳥蹄也）西申以鳳鳥鳳鳥者戴仁抱義掖信歸有德（其形似雞蛇首魚尾）（戴仁向仁國抱義懷有義掖信歸有德之君也）丘羌鸞鳥（丘地之羌不同故謂之丘羌今謂之丘羌鸞大於鳳亦歸仁義也）巴人以比翼鳥（巴人在南者不比不飛其名曰鶼鶼）方揚以皇鳥（方煬亦戎别名也皇鳥配於鳳者也）蜀人以文翰文翰者若皐雞（鳥有文彩者皐雞似鳧翼州謂之澤特也）方人以孔鳥（亦戎别名孔與鸞相配也）

卜人以丹沙卜人西南之蠻丹沙所出夷用閶采夷東北夷也采生火中色黑而光其堅若鐵也康民以稃苡者其實如李食之宜子康亦西戎之别名也食稃苡即有身州靡費費其形人身枝踵自笑笑則上唇弇其目食人北方謂之吐嘍州靡北狄也費費曰梟羊好行立行如人被髮前足稍長者也都郭生生若黄狗人面能言都郭北狄生生二名也奇幹善芳善芳者頭若雄雞佩之令人不昧皆東鄉奇幹亦北狄善芳鳥名不昧不口也皆東東向列次也比之臺正東高夷嗛羊嗛羊者羊而四角高夷東北高麗句獨鹿卭卭距虛善走也獨鹿西方之戎也卭卭獸似距虛負蹷而走也孤竹距虛孤竹東北狄距虛獸也駃騠之屬不令支玄模不令支皆東北夷模曰狐玄模則黑狐也不屠何胥能不屠何亦東北

夷也東胡黃羆（東胡東北西卑）山戎菽（山戎亦東北夷戎菽苦藥也）其西般吾白虎（次西般吾北狄近西也）屠州黑豹（屠州狄之別也）禺氏騊駼（禺氏一北戎夷騊駼馬之屬也）大夏茲白牛（大夏西北戎茲白牛野獸也似白牛形也）犬戎文馬而赤鬣縞身目若黃金名古黃之乘（犬戎西戎之遠者也）數楚每牛每牛者牛之小者也（數楚亦北戎也）匈戎狡犬狡犬者巨身四尺果皆北鄉（匈奴者北戎也）權扶三目（權扶南蠻也玉之有光明也形甚卜也）白州北閭北閭者其華若於伐其木以為車終行不敗（白州東南蠻也與白民接也水中可居者洲洲中出此珍也）禽人菅（亦東東蠻菅草堅忍）路人大竹（路人東方之蠻貢大竹）長沙鱉（特大而美故貢也）其西魚復鼓鍾鍾牛（次西列也魚復南蠻國也貢鼓及鍾而似牛形者美遠致）

也蠻揚之翟揚州之蠻貢翟鳥倉吾翡翠翡翠者所以取羽
倉吾亦蠻也翠羽其色青而有黃也其餘皆可知自古之政餘謂衆諸貢物也言
政化之所至也南人至衆皆北鄉南人南越伊尹朝獻商書言別有此
書也不周書錄中以事類來附王會期朝貢事故令附合湯問伊尹
曰諸侯來獻或無馬牛之所生而獻遠方之物事實
相反不利非其所有而當遠求於民故不利也今吾欲因其地勢所有
獻之必易得而不貴其爲四方獻令制其品服之令伊尹受
命於是爲四方令曰臣請正東符婁仇州伊慮漚深
九夷十蠻越漚鬋文身十者東夷蠻越之別称髮文身因其事以名也剪請
令以魚支之鞞□鰂之醬鮫瞂利劍爲獻鞞刀削鰂魚名瞂盾

也以鮫皮作之鮫文魚也正南甌鄧桂國損子產里百濮九菌者六
南蠻之別名請令以殊璣瑇瑁象齒文犀翠羽菌鶴短狗
爲獻璣似珠而小菌鶴可用爲旌翳短狗狗之善者也正西崑崙狗國鬼親
枳巳闟耳貫胷雕題離丘漆齒九者西戎之別名也闟耳貫胷雕題桼齒
等亦因其事以名之也請令以丹青白旄紕罽江歷龍角神龜
爲獻江歷珠名龍解角得也正北空同大夏莎車姑他旦略貌
胡戎翟匈奴樓煩月氏孅犁其龍東胡十二者北狄之別名也戎
狄在西北界戎翟之間國名也請令以橐駞白玉野馬騊駼駃騠良
弓爲獻湯曰善

周書卷第七

周書卷第八　　　　晉孔晁注

祭公解第六十　　史記解第六十一

職方解第六十二

祭公解第六十

王若曰祖祭公【祭公周公之後昭穆於穆王在祖列】次予小子虔虔在位【虔敬】昊天疾威予多時溥愆【溥大也言昊天疾威於我故多是過失】我聞祖不豫有加予維敬省不弔天降疾病予畏之威公其告予懿德【弔至也言己道不至故天下病王畏己不美懿美也】祭公拜手稽首曰天子【拜手頭至手稽首頭俯也】謀父疾維不瘳朕身尚在玆朕魂在于天【謀父祭公名我魂在於天言必死也】昭王之所勗宅天

命[言雖魂在天猶明王之所勉居天下之事也]王曰嗚呼公朕皇祖文王

烈祖武主度下國作陳周維皇皇上帝度其心寘之

明德[下國謂諸侯也天度寘心所能寘明德於其身也]付俾於四方用應受

天命敷文在下[付與四方受命於天而敷其文德在下士也]我亦維有若

文祖周公暨列祖召公茲中予小子追學於文武之

蔑[言已追學文武之微德此由周召分治之化也]周克龕紹成康之業以將

天命用夷居之大商之衆[將行夷平也言大商本其初也]我亦維有

若祖祭公之執和周國保乂王家[執謂執其政也]王曰公称

丕顯之德以予小子楊文武大勳弘成康照考之烈

[称謂舉行也昭考昭王穆王之父也]王曰公無困我哉俾百僚乃心率

輔弼予一人（言公當使百官相率和輔弼我不然則困我）祭公拜手稽首曰允乃詔畢桓于黎民般（般樂也言信如王告盡治民樂政也乃汝汝王也）公曰天子謀父疾維不瘳敢告天子皇天改大殷之命維文王受之維武王大剋之咸茂厥功（茂美也文王以受命爲美武王以剋殷爲美故曰咸也）維天貞文王之重用威亦尚寬壯厥心康受乂之式用休（貞正也重之用威伐崇黎也既剋之而安受治之其治用美也）亦先王茂綏厥心敬恭承之維武王申大命戡厥敵（言武王申文王受命之意而勝殷也）公曰天子自三公上下辟于文武文武之子孫大開方封于下土（辟法也言我上法文武方大開國旁布於下土）天之所錫武王時疆土丕維周之□□□后稷

之受命是永宅之錫與言天子武王是還所受是大維周之開基大維后稷所所受命是
長居岀也維我後嗣旁建宗子丕維周之始并旁建宗子立爲諸侯
言皆始并天子之啟也嗚呼天子三公監于夏商之既敗丕則
無遺後難至于萬億年守序終之言當以夏商爲戒大無後難之道守
其序而終也既畢丕乃有利宗丕維文王由之既終之則有利于宗
皆由文武之德也公曰嗚呼天子我不則寅哉寅哉寅敬也不則言
則也汝無以戾口罪疾喪時二王大功戾反罪疾謂巳所行也是二王
文武汝無以嬖御固莊后嬖御寵妾也固疾也汝無以小謀敗大
作小謂不法先王也大作大事也汝無以嬖御士疾大夫卿士言無親小
人疾邑子汝無以家相乱王室而莫恤其外言啚臣執国命恤憂也外

謂王室之外也尚皆以時中乂萬國言當盡用是中道治天下也嗚呼三

公汝念哉汝無泯泯芬芬厚顔忍醜時維大不弔哉

戒三公使念我與王也泯芬乱也忍行乱則厚顔忍醜也如是則大不善之也昔在先王我

亦維丕以我辟險于難不失于正我亦以免沒我世

先王穆父祭公所事也辟君也言我事先王遇大難險而不失故能以善沒世言善終嗚呼三

公予維不起朕疾汝其皇敬哉茲皆保之皇大也言當式敬我

言如此則天下皆安之曰康子之攸保勗教誨之世祀無絕不

我周有常刑康安也子之所宜安以善道勉教之則子孫有福不然則犯常刑也王拜

手稽首黨言王拜受祭公之黨言也王拜則三公拜可知也

史記解第六十一

維正月王在成周昧爽召三公左史戎夫王是稷王也戎夫左
史名也曰今夕朕寤遂事驚予遂成也行成事言驚夢宿欲知之也乃取
遂事之要戒俾戎夫言之朔望以聞集取要戒之言月旦日望於王
前讀之信不行義不立則哲士凌君政言君不行信義信義由智立故
哲士凌君之政也禁而生乱皮氏以亡禁義信則乱生皮氏古諸侯也諂諛
日近方正日遠則邪人專國政好順人意爲諂諛禁而生亂
華氏以亡華聚也亦古諸侯也好貨財珎怍則邪人進邪人進
則賢良日蔽而遠賢良不行貨故蔽遠賞罰無位隨財而行夏
后氏以亡禁由好財亡也嚴兵而不口者其臣懾其臣懾而
不敢忠不敢忠則民不親其吏不敢忠乃不仁下効其上故不親刑

始於親遠者寒心殺商以亡（紂以暴虐亡也）樂專於君者權

專於臣權專於臣則刑專於民（君荒於樂則權臣專斷用刑濫矣）君

娱於樂臣爭於權民盡於刑有虞氏以亡（專則致爭而刑殺之）

（盡被刑也有虞商均之後）奉孤以專命者謀主必畏其威而疑其

前事（謀主謂孤長大也前事謂專命）挾德而責數日疏位均而爭平

林以亡（挾其見奉之德而責其前專命事此與周公反矣位均勢敵）大臣有錮職

譁誅者危昔者質沙三卿朝而無礼君怒而久拘之

譁而弗加（錮職謂事專權也）譁卿謀變質沙以亡（有三卿諸侯可知也）

外内相間下撓其民民無所附三苗以亡弱小在彊

大之間存亡將由之則無天命矣不知命者死（無天命命）

在彊壯者也知命則大不知命則足以亡矣有夏之方興也扈氏弱而不恭身死國亡有夏啓也戰於甘滅扈也嬖子兩重者亡昔者義渠氏有兩子異母皆重王不別長庶寵秩同也君疾大臣分黨而爭義渠以亡各有所事而爭力也功大不賞者危昔平州之功大而不賞諂臣日賞貴功日怒而生變平州之君以走出有功不賞而貴諂臣有德不官而任姧佞宜其出走也召遠不親者危昔有林氏召離戎之君而朝之林氏諸侯至而不禮留而弗親離戎逃而去之林氏誅之天下叛林氏天下見其過戎不以礼遂叛林氏林氏孤危也昔者曲集之君伐智而專事彊力而不賤其臣■良皆伏伐智自足也謂不爲之用愉州氏伐之君孤而

無使曲集以亡（曲集愉州皆古諸侯）昔着有巢氏有乱臣而貴任之以國假之以權擅國而主斷（委之政也）君已而奪之臣怒而生變有巢以亡（東政則專立殺則多恐雖君奪其政懼禍見及故作乱也）斧小不勝柯者亡昔有鄶君嗇儉減爵損禄羣臣卑讓上下不臨（柯秉所以喻君斧所以用喻臣臣無爵禄君所任不臨言不相承奉也）後口小弱禁罰不行重氏伐之鄶君以亡（兩弱不能行合）久空重位着危昔有共工自賢自以無臣久空大官（言無任已臣者故空官也）下官交乱民無所附唐氏伐之共工以亡（無大臣故小臣乱也君凶於上臣乱於下民無所依竟遂流之）犯難爭權疑着死昔有林氏上衡氏爭權（爭為犯難不果為疑）林氏再戰弗勝上衡氏

僞義弗克俱身死國亡（林氏恃勝上衡氏怠義所以俱亡）知能均而不親並重事君者危昔有南氏有二臣貴寵力鈞勢敵竞進爭權下爭朋黨君弗禁南氏以分（二臣勢鈞而不親權重養徒黨所以分國也）昔有果氏好以新易故故者疾怨新故不和（有果亦國名也）内爭朋黨陰事外權有果氏以亡（外權謂外大國）爵重祿輕比口不成者亡昔有畢程氏損祿增爵群臣貌匱比而戾民畢程氏以亡（有位無祿取名自成民不堪求比而罪之）好變故易常者亡昔陽氏之君自伐而好變事無故業官無定位民運於下（運乱豫也）陽氏以亡業形而愎者危昔縠平之君愎類無親破國弗剋業形用國（愎佷）

類戾也國不勝彼以刑爲業也外內相援轂平以亡武不止者亡昔阪泉氏用兵無已誅戰不休并兼無親文無所立智士寒心無親謂并兼之也無文德故智士寒心也徙居至于獨鹿諸侯畔之阪泉以亡獨鹿西戎地名徙都失衆故亡也佷而無親者亡昔者縣宗之君佷而無聽不納忠言執事不從宗職者疑發大事群臣解體皆有違心國無立功縣宗以亡昔者玄都賢鬼道廢人事天求祥神也謀臣不用龜策是從神巫用國哲士在外玄都以亡弃賢任巫所以亡也文武不行者亡昔者西夏性仁非兵性仁而無文德非兵而無武備城郭不脩武士無位惠而好賞屈而無以賞無功盡賞財無可用唐氏伐之城郭不

守武士不用西夏以亡（唐氏堯帝）美女破國昔者績陽彊力四征重丘遺之美女（重丘之君畏其并已惑之以女）績陽之君悅之熒惑不治大臣爭權遠近不相聽國分爲二（君昏於上權分於下所爲二也）宮室破國昔者有洛氏宮室無常池囿廣大工功日進以後更前民不得休農失其時（工進功則民困矣以工取官賢材退矣）飢饉無食成商伐之有洛以亡（湯號曰成故曰成湯）

職方解第六十二

職方氏掌天下之圖辯其邦國都鄙四夷八蠻七閩九貉五戎六狄之人民（此在周官大司馬下蓋穆王使有司抄出之欲時省屬國）

邑曰鄙東方曰夷南方曰蠻皆狄蠻之別貉夷之別八七九五六見此不一之言也與其財用九穀六畜之數周知其利害乃辨九州之國使同貫利貫事東南曰揚州其山鎮曰會稽其藪澤曰具區其川三江其浸五湖其利金錫竹箭其民二男五女其畜宜雞狗鳥獸其穀宜箭篠也九州土氣生民女各不同鳥獸山澤所育之屬也正南曰荊州其山一衡山其澤藪曰雲夢其川江漢其浸潁湛其利丹銀齒革其民一男二女其畜宜鳥獸其穀宜稻河南曰豫州其山鎮曰華山其澤藪曰圃田其川滎雒其浸陂溠華山西岳其利林漆絲枲其民二男三女其畜宜六擾其穀宜五種家所畜曰擾五

種謂黍稷菽麥稻也正東曰青州其山鎮曰沂山其澤藪曰望
諸其川淮泗其浸沂沭其利蒲魚其民二男三女其
畜宜雞犬其穀宜稻麥河東曰兖州其山鎮曰岱山
其澤藪曰大野其川河泲其浸廬維其利蒲魚其民
二男三女其畜宜六擾其穀宜四種四種黍稷稻麥正西曰
雍州其山鎮曰嶽山其澤藪曰彊蒲其川涇汭其浸
渭洛其利玉石其民三男二女其畜宜牛馬其穀宜黍
稷嶽吳嶽也東北曰幽州其山鎮曰醫無閭其澤藪曰貕
養其川河泲其浸菑時其利魚鹽其民一男三女其
畜宜四擾其穀宜三種四擾牛馬羊豕三種黍稷稻也河內曰冀州

其山鎮曰霍山其澤藪曰揚紆其川漳其浸汾潞其利松柏其民五男二女其畜宜牛羊其穀宜黍稷（所謂河內者）正北曰并州其山鎮曰恒山其澤藪曰昭餘祁其川虖池嘔夷其浸淶易其利布帛其民二男三女其畜宜五擾其穀宜五種（五擾牛馬羊豕犬五穀黍稷菽麥麻）乃辯九服之國方千里曰王圻也（圻界也）其外方五百里為侯服（為王者斥候也口言服正事也）又其外方五百里為甸服（甸田也治田又入穀也）又其外方五百里曰男服（男任也任王事）又其外方五百里為衛服（為王扞衛也）又其外方五百里曰蠻服（用事差簡慢）又其外方五百里為鎮服□□□□□□又其外方五百里

爲藩服（藩服屏四境也）凡國公侯伯子男以周知天下凡邦國大小相維王設其牧（牧周徧維持也牧謂牧御天下之政教）制其職各以其所能（連率牧監各任能也）制其貢各以其所有（土也所有乃貢之）王將巡狩則戒于四方曰各脩平乃守考乃職事無敢不敬戒國有大刑（考成也不敬則犯大刑也職方所）及王者之所行道率其屬而巡戒命王殷國亦如之（王十二歲一巡狩職方自所戒之命具不巡狩六服盡朝朝謂之殷國也述命亦如巡狩也）

周書卷第八

周書卷第九

晉孔晁注

芮良夫解第六十三　太子晉解第六十四
王佩解第六十五　殷祝解第六十六
周祝解第六十七

芮良夫解第六十三

芮伯若曰予小臣良夫稽道謀告〔伯爵若順也順其其事而告之也〕予惟民父母致厥道無遠不服無道左右臣妾乃違〔無道無德政遠畔也〕民歸于德德則民戴否則民讎茲言允効于前不遠〔言驗於前世不遠言近〕商紂不道夏桀之虐肆我有家〔舉桀紂惡滅亡為戒也〕嗚呼惟爾天子嗣文武業惟爾執政

周書九　一

小子同先王之臣昏行□顧道王不若同為昏闇言教王為不順專利作威佐乱進禍民將弗堪專利侵民佐乱進於禍也治乱信乎其行惟王暨爾執政小子攸聞行善則治行惡則乱皆所聞知古人求多聞以監戒不聞是惟弗知言古人患不聞故有所不知也后除民害不惟民害害民乃非后惟其讎害民是興民為怨讎后作類后弗類民不知后惟其怨言民不從上命從其所行類善也不知君則怨深矣民至憶兆后一而已寡不敵衆后其危哉言上下無義對共相怨則寡者危也嗚呼□□□如之人養食之則擾服雖家畜不養則畏人治民亦然也今爾執政小子惟以貪諛為事不懋德以備難專利為貪曲從為諛下民胥怨財單竭手足靡措弗堪戴上不

其乱而言民相與怨上上加之罪民不堪命而作乱以子小臣良夫觀天
下有土之君有土謂之諸侯也厥德不遠罔有代德言無遠德罔有天下也
時爲王之患其惟國人是國人爲患也嗚呼惟爾執政
朋友小子其惟洗爾心改爾行克憂往愆以保爾居
洗心改行憂往過則安爾之居位爾乃瞶禍翫烖遂弗悛余未知王
之所定矧乃□□瞶陽不聞翫心不惕悛改矧況也尚不知王定況貪諛之臣能得其
所也惟禍發於人之攸忽於人之攸輕□不存焉變之
攸伏言人所輕忽則禍之所起謂下民也爾執政小子不圖善偷生苟
安爵以賄成苟安無遠慮賄成不任德賢智箝口小人鼓舌逃害
要利並得厥求唯曰哀哉賢者得默以逃害小人佞諂以要利各得其求君子

爲之哀者也我聞曰以言取人人飾其言以行取人人竭其行飾言無庸竭行有成君子不以言舉人無功故也欲行有成故也惟爾小子飾言事王寔蕃有徒王貌受之終弗獲用面相誣蒙及爾顛覆蕃多徒衆言非一也貌謂外相悅而無實也君臣之相誣蒙必相及共顛覆之也爾自謂有餘予謂爾弗足敬思以德備乃禍難言其不足於道義也以用也乃災也難至而悔悔將安及無曰予爲惟爾之禍爲不言也

太子晉解第六十四

晉平公使叔譽于周見太子晉而與之言叔譽者大夫叔向也周靈王太子名晉也五稱而五窮逡巡而退其不遂五稱說五事遂終也

歸告公曰太子晉行年十五而臣弗能與言（告平公稱其賢才也）君請歸聲就復與田若不反及有天下將以為誅（声就復與周之二邑周衰晉取之也）平公將歸之師曠不可曰請使瞑臣往與之言若能幪予反而復之（師曠晉大夫無目故称瞑幪復也度謀還与否也）師曠見太子稱曰吾聞王子之語高於泰山夜寢不寐晝居不安不遠長道而求一言（言高於泰山言无上也不安至飢渇也）王子應之曰吾聞太師將來甚喜而又懼吾年甚少見子而懾盡忘吾其度（懾而亡度所以為謙）師曠曰師曠曰吾聞王子古之君子甚成不驕自晉始如周行不知勞（有成德不以驕易也）王子應之曰古之君子其行

至慎委積施關道路無限百姓悅之相將而遠遠人來驩視道如尺言已不及古君子尺喻近師曠告善又稱曰古之君子其行可則由舜而下其孰有廣德問舜已下可法則之君子也王子應之曰如舜者天舜居其所以利天下奉翼遠人皆得巳仁此之謂天言其仁合天道如禹者聖勞而不居以利天下好取不好與必度其正是謂之聖盡力溝洫勞也貪財利為其功合聖道也如文王者其大道仁其小道惠三分天下而有其二敬人無方服事於商既有其衆而返失其身此之謂仁以其仁德人惠懷之行無常唯賢所在勞謙恭儉日夜不息返失之勤如武王者義殺一人而以利天下異姓同姓各得

之謂義一人紂也儀善師曠告善又稱曰宣辯名命異姓惡
方王侯君公何以爲尊何以爲上問其事儀王子應之曰
人生而重丈夫謂之冑子冑子成人能治上官謂之
士冑□士率衆時作謂之曰伯伯能移善於衆與百姓
同謂之公作謂農功同謂好義公能樹名與物天道俱謂之侯
侯能成群謂之君立名生物謂化施於民也成謂成物羣謂之爲長也君有廣
德分任諸侯而敦信曰予一人敦也厚善至于四海曰
天子達於四荒曰天王四海四夷四荒四表四藂至莫有怨訾
乃登爲帝訾嘆恨也合五等之尊卑而論事義以爲之名者也師曠罄然又稱
曰溫恭敦敏方德不改聞物□□下學以起尚登帝

臣乃參天子自古誰鏊然自嚴整也方道初本也起其物義也問最賢之人也王子應之曰穆穆虞舜明明赫赫立義治律萬物皆作分均天財萬物熙熙非舜而誰能律法也謂致其物也熙熙和盛言舜臣堯功德如此也師曠東躅其足曰善哉善哉東躅踏也王子曰太師何舉足驟驟亦數也師曠曰天寒足躅是以數也王子戲問故曠戲荅王子曰請入坐遂敷席注瑟師曠歌無射曰國誠寧矣遠人來觀修義經矣好樂無荒交言於堂故更入燕乃注瑟於王子王子歌嶠曰何自室坐歌此辭而音合於無射之律南極至于北極絶境越國弗愁道遠嶠曲名也師曠作新曲美王子師曠蹶然起曰瞑臣請歸也王子述嶠曲諫也蹶然疾貌王子賜

乘車四馬曰太師亦善御之禮為天子三賜不及者馬此賜則白王然後行可知也師曠對曰御吾未之學也王子曰汝不為夫時詩云馬之剛矣轡之柔矣馬亦不剛轡亦不柔志氣麃麃取予不疑以是御之馬不剛轡不柔言和擾也麃麃亦和貌也不疑和之心也師曠對曰瞑臣無見為人辯也唯耳之恃而耳又寡聞而易窮王子汝將為天下宗乎辯別也為人有所別唯恃耳也宗尊也天下所尊則有明王者也王子曰太師何汝戲我乎自太皞以下至于堯舜禹未有一姓而再有天下者夫大當時而不伐天何可得言自庖犧至禹其子孫未有期運當時斯不立矣言周衰未盡已必不立也且吾聞汝之人年長短告吾師曠對曰汝聲

周書九　五

清汗汝色赤白火色不壽清角也言音汗沈木木生火色赤知聲者則色亦然王子曰吾後三年上賓于帝所汝慎無言口將及汝言死必爲賓于天帝之所鬼神之則王子之事不欲令人知之也師曠歸未及三年告死者至未及三年并歸之年爲三年則王子年十七而卒也

王佩解第六十五

王者所佩在德德在利民民在順上言以利民爲德也天子事天所以威下使事上合爲在因時應事則易成得時所爲合應爲其機謀成在周長有功在力多周忠言也力多則功多也昌大在自克不過在數懲以義勝欲得昌大數有懲艾則無過也不困在豫慎見禍在未形事未成而豫慎則不困也除害在胞斷安民在知過用兵在知

時 用斷訟不忍也知過輒改 民將安生時謂可伐時也 勝大患在合人心殃去

在信疑 舉合民心 患之有哉 何尊子在聽内化行在知和 内聽 於尊

尊而吐於中言宜其生 灾也可否相濟曰和 施舍在平心不幸在不聞其

過 施謂施惠舍謂赦罪聖人 以聞己過爲幸賞速改也 福在受諫基在愛民固

在親賢 受諫則無非故福以愛民爲 基親賢人則固明君之義也 禍福在所密利

害在所近存亡在所用 所與密皆親近所利用皆忠 良則福利至反是則禍害至

離合在出命尊在慎威安在恭己危亡在不知時 教 命

善則事合否則離矣威得其宜則尊 恭己不妄則安時謂天[illegible]得其時也 見善而怠時至

而疑亡正處邪是弗能居此得失之方也不可不察

怠懈墮不能行也疑由豫不果也邪姧術也 處姧術是不居大之道也乃是得失之道也

殷祝解第六十六

湯將放桀于中野（此事不然矣或者欲解之）士民聞湯在野皆委貨扶老攜幼奔國中虛（言桀國中空無人又不然矣）桀請湯曰國所以爲國者以有家家所以爲家者以有人也今國無家無人矣君有人請致國君之有也（此國爲天下也）湯曰否昔大帝作道明教士民今君王滅道殘政士民惑矣吾爲王明之（大帝謂禹明禹之事於士民也）士民復致於桀曰以薄之居濟民之賤何必君更（此士民辭也薄湯所居也言與君更與桀徙避湯）桀與其屬五百人南徙千里止於不齊民往奔湯於中野（不齊地名）桀復請湯言君之有也湯曰否我爲君

王明之士民復重請之桀與其屬五百人從於魯魯

士民復奔湯（魯亦地名）桀又曰國君明之士民復奔湯（魯亦地名）

桀又曰國君之有也吾則外人有言彼以吾道是

耶我將爲之（言桀以此辭勸勉湯者也）湯曰此君王之士也君王

之民也委之河湯不能止桀（必欲去也）湯曰欲從者從君

桀與其屬五百人去（居南巢之地名）湯放桀而復薄三千諸

侯大會（大會民薄）湯退再拜從諸侯之位湯曰此天子位

有道者可以處之（讓諸侯之有道者）天子非一家之有也有

道者之有也故天下者唯有道者理之唯有道者紀

之唯有道者宜久處之（久處久居天子之位）湯以此讓三千諸

侯莫敢即位然後湯即天子之位三千諸侯勸之也與諸侯誓曰陰勝陽即謂之變而天弗施逆天道故不施雌勝雄即謂之亂而人弗行雌勝雄女淩男之異逆人道故不行焉故諸侯之治政在諸侯之大夫治與從言下必順上所以教治也

周祝解第六十七

曰維哉其時告汝口口道恐爲身災言所以告汝不聞道爲身災也讙哉民乎朕則生汝朕則刑汝告以善道是生之是以教之以法也朕則經汝朕則亡汝朕則壽汝朕則名汝經紀汝昌阜汝殺亡汝爲汝請命名汝善惡也故曰文之美而以身剝自謂智也者故不足孤貉俱以文受害人自賢則愚惡遂見也角之美殺其牛榮華之言後

有茅言牛以角死虛言致穢也凡彼濟者必不怠觀彼聖人必趣
時以不怠故濟以趣時故聖石有王而傷其山萬民之患在口言
山以有王故傷人以口言受患時之行也勤以從不知道者福爲禍
不從以及時人故失其福也時之從也勤以行不知道者以福亡
行謂與旹借行故曰肥豕必烹甘泉必竭直木必伐以其供人用自
然理地出物而聖人是時雞鳴而人爲時觀彼萬且何
爲求萬物自然不爲人來聖人則之如因雞鳴以識時也故天有時人以爲正
地出利而民是爭正謂敬授民時也爭謂爭其歛之也人出謀聖人是
經陳五刑民乃敬經經度之也敬上命也教之以禮民不爭被
之以刑民始聽因其能民乃静有禮則讓故不爭聽順静服謂不爲亂也

故狐有牙而不敢以噬獂有蚤而不敢以撅喻人以小能不敢望大官亦求自盡而已也勢居小者不能爲大雖有其材勢不便故特欲正中不貪其害凡勢道者不可以不大不貪害也中正不立不大其度至道不行也故木之伐也而木爲斧賊難而起者自近者因木以伐木因近以成賊二人同術誰昭誰暝二虎同穴誰死誰生成者能昭猛者能生故虎之猛也而陷於獲人之智也而陷於詐虎以食陷弃人以欲陷詐詐罔也葉之美也解柯柯之美也離其枝枝之美也拔其本儼矢將至不可以無盾此言飾末業覆本質也盾喻爲人當有所備護故澤有獸而焚其草木大威將至不可爲巧焚其草木則無種大威將至不可以爲

勇 言亦貨以危身禍至不可救也 故天之生也固有度國家之患離之以故 以言患因事而起故事也 地之生也固有植國家之患離之以謀 植立也有生則立也 故時之還也無私貌日之出也無私照 還謂至也貌謂無實時至並應日出普照也 時之行也順至無逆爲天下者用大略 言當以大畧順時也 火之熚也固定上爲天下者用牧 熚然也火曰炎上牧謂法也 水之流也固走下不善故有桴 桴所擊鼓也言惡政由於發者也 故福之起也惡別之禍之起也惡別之 惡於何也言其微也 故平國若之何須國覆國事國孤國屠皆若之何 覆滅也事謂事無伇也孤謂無謂屠爲人分裂也 故日之中也仄月之望也食威之失也陰食陽善爲國者使之

有行（食謂毀明而生魄也仄跌也以日蔽於陰喻君行失道）定彼萬物必有常國君而無道以微亡（微以積小以致滅亡者也）故天爲蓋地爲軫善用道者終無盡地爲軫天爲蓋善用道者終無害（言用道動靜法天地）天地之間有滄熱善用道者終不竭（滄寒竭盡）陳彼五行必有勝天之所覆盡可稱（言五行相勝以生成萬物盡可稱名之也）故萬物之所生也性於從萬物之所及也性於同（從謂立也始異終故曰反也）故惡姑幽惡姑明惡姑陰陽惡姑短長惡姑剛柔（姑者且也言幽明之相伐陰陽之變易短長之相形剛柔之相生始終之道也）故海之大也而魚何爲可得山之深也虎豹貔貅何爲可服（言皆以貪餌自中鈎檻也）人智之邃也奚爲可測跂動

噦息而奚爲可牧（誠於事故可測牽於事故可牧）玉石之堅也奚可刻（言服飾之窮物也）陰陽之號也孰使之牝牡之合也孰交之君子不察福不來（言陰號之稱號牝牡之交合皆自然也君子察自然之理則福來也）故忌而不得是生事故欲而不得是生詐（生事謂變也生詐謂詐爲求之）欲伐而不得生斧柯欲鳥而不得生網羅欲彼天下是生爲（所以生成所欲也謂云爲之事也）維彼幽心是生包維彼大心是生雄維彼忌心是生勝（包謂包藏陰謀雄謂雄桀於人也勝謂勝所忌皆惡忌事也）故天爲高地爲下察汝躬奚爲喜怒天爲古地久察彼萬物名於始（言法天地則喜怒無錯推古久則萬始同知也）左名左右名右視彼萬物數爲紀紀之行也利而

無方行而無止以觀人情名以左右則物以數爲紀紀則生利利以利情也利有等維彼大道成而弗改用彼大道知其極加諸事則萬物服差等也大道天道也極中也事業也用其則必有羣加諸物則爲之君羣類舉其脩則有理加諸物則爲天子脩長也謂綱例也

周書卷第九

周書卷第十

晉孔晁注

武紀解第六十八

幣帛之間有巧言令色事不成車甲之間有巧言令色事不捷竟口事而有武色必失其德臨權而疑必離其災口口不捷智不可口口於不足弃於不鑑則始而施鑑而弗免無功國有三守卑辭重幣以服之弱國之守也修備以待戰敵國之守也循山川之險而國之僻國之守也伐服不祥伐戰危伐險難故善

伐者不伐三守伐國有六時五動四順間其疏薄其
疑推其危扶其弱乘其衰暴其約此謂六時扶之而
不讓振之而不動數之而不服暴之而不華威之而
不恐未可伐也此謂五動立之害毀之利克之易弁
之能以時伐之此謂四順立之不害毀之不利唯克
之易弁之不能可伐也立之害毀之未利克之難弁
之不能可動也靜以待衆力不與爭權弗果據德不
肆國若是而可毀也地荒而不振德衰而失與無苦
而危矣求之以其道口口無不得爲之以其事而時
無不成有利備無患事時至而不迎大祿乃遷延之

不道行事乃困不作小口動大殃謀有不足者三仁廢則文謀不足勇廢則武謀不足備廢則事謀不足國有本有幹有權有倫質有樞體土地本也人民幹也敵國侔交權也政教順成倫質也君臣和口樞體也土地未削人民未散國權未傾倫質未移雖有昏亂之君國未亡也國有幾失居之不可阻體之小也不果隣家難復飾也封疆侵凌難復振也服國從失難復扶也大國之無養小國之畏事不可以本權失口家之交不可以枉繩失隣家之交不據直以約不罰體以陰不可虞而奪也不可策而服也不可親而

侵也不可摩而測也不可求而循也施度於體不慮
費事利於國不計勞失德喪服於鄰家則不顧難矣
交體侵凌則不顧權矣封疆不時得其所無為養民
矣合同不得其位無畏患矣百姓亟急元藏畜矣擠
社稷失宗廟離墳墓困鬼神殘宗族無為憂死矣畢
辭而不聽□財而無枝計戰而□是近告而無顧告
過而不悔請服而不得然後絕好于閉門循險近說
外授以天命無為是定亡矣凡有事君民守社稷宗
廟而先喪亡者皆失禮也大事不法弗可作法而不
時弗可行時而失禮弗可長得禮而無備弗可成舉

物不備而欲囗大功於天下者未之有也孰不求周
流舉而不幾其成亡薄其事而求厚其功亡內無文
道外無武迹往不復來者有悔而求合者亡不難不
費而致大功故令未有據名而不辱隱行而不困唯
禮得之而無迹失之而無咎唯欲成事而不難序功
而不費唯時勞而有成費而不亡唯當施而不拂成
而有權久之而能囗唯義不知所取之量不知所施
之度不知動靜之時不知吉凶之事不知閉達之謀
疑此五者未可以動大事恃名不久恃功不立虛願
不至妄為不祥太上歡而服其次欲而得其次奪而

得其次爭而克其下動而上賓其力凡建國君民內事文而和外事武而義其形慎而殺其政直而公本之以禮動之以時正之以度師之以法成之以仁此之道也

銓法解第六十九

有三不遠有三不近有三不畜敬謀祗德親同三不遠也聽讒自亂聽諛自欺近慾自惡三不近也有如忠言竭親以為信有如同好以謀易寇有如同惡合計掬慮慮泄事敗是謂好害三不畜也

器服解第七十

明器因外有三疲二用器服數犢四棓禁豐一觴荒

帍獨食器無尾迹膏侯屑侯樂鉍璣參冠一竿皆素獨

二九弇焚菜膾五昔纁裹桃枝素獨蒲簟席皆素斧

獨巾玄纉緌縞冠素紕玄冠組武卷組纓象絺瑱

絺紳帶象玦朱極帍素獨簟籥捍次車蓋冒純載

枉綫喪勤焚纓一給器因名有三幾玄茵纁裹桃枝

獨蒲席皆素布獨巾玄象玄純

周書序

昔在文王商紂並立困于虐政將弘道以躋無道作

度訓殺人作教民不知極將明道極以移其俗作命

訓紂作淫亂民散無性習常文王惪和化服之作常
訓上失其道民散無紀西伯修仁明耻示教作文酌
上失其道民失其業□□凶年作糴匡文王立西距
昆夷北備獫狁謀武以昭威懷作武稱武以禁暴文
以綏德大聖允兼作允文武有七德、王作大武大
明武小明武三篇穆王遭大荒謀救患分災　大匡
此有脫簡□□□□□□□□□□□□□□　□□
□□□□□□□□□作九開文王唯庶邦之多
難論典以匡謬作劉法文王卿士諗發教禁戒作文
開維美公命于文王修身觀天以謀商難作保開文

王訓乎武王以繁害之戒作八繁文王在酆命周公
謀商難作酆保文啓謀乎後嗣以脩身敬戒作大開
小開二篇文王有疾告武王以民之多變作文儆文
王告武王以序德之行作文傳文王既没武王嗣位
告周公禁五戒作柔武武王忌商周公勤天下於大
小開武二篇武王評周公維道以爲實作寶典商謀
啓乎周周人將興師以承之作酆謀武王將起師伐
商寤有商儆作寤儆周將伐商順天革命申喻武義
以訓乎民作武順武穆二篇武王將行大事乎商郊
乃明德□衆作和寤武寤二篇武王率六州之兵車

三百五十乘以滅殷作尅殷武王作尅商建三監以
救其民爲之訓範此有脱簡□□□□□□□□□□作大
聚此有脱簡□□□□□□□□□□□武王既釋箕子
因俾民辟寧之以王作箕子武王秉天下論德施□
而□位以官作考德武王命商王之諸侯綏定厥邦
申義告之作商誓武王平商維定保天室規擬伊洛
作度邑武王有疾此有脱簡□□□□□□□□□□命
周公輔小子告以正要作五權武王既沒成王元年
周公忌商之孽訓敬命作成開周公既誅三監乃述
武王之志建都伊洛作作洛周公會羣臣于閎門以

輔主之格言作皇門周公陳武王之言以贊已言戒乎成王作大戒周公正三統之義作周月辯二十四氣之應以明天時作時訓周公制十二月賦政之法作月令周公肇制文王之謚義以垂于後作謚法周公將致政成王朝諸侯於明堂作明堂成王既即政因嘗麥以語群臣而求助作嘗麥周公爲太師告成王以五徵則作本典成王訪周公以民事周公陳六以觀察之作官人周室既寧八方會同各以其職來獻欲垂法厥後作王會周王云歿王制將衰穆王因祭祖不豫詢其守位作祭公穆王思保位惟難恐貽

世着欲自警悟作史記王化雖弛天命方永四夷八
蠻攸尊王政作職方芮伯稽古作訓納王于善暨執
政小臣咸省厥躬作芮良夫晉侯尚力侵我王略叔
向聞儲幼而果賢曰復王位作太子晉王者德以飾
躬用爲所佩夏多罪湯將放之徵前事以戒後王也
作殷祝民非后罔乂后非民罔與爲邦慎政在微作
周祝武以靖亂非直不尅作武紀積習生常不可不
慎作銓法車服制度明不苟踰作器服周道於乎大
備

周書卷第十終

昭德晁公武志

汲冢書十卷訃晉太康中汲郡與穆天子傳同得晉孔晁注蓋孔子刪採之餘凡七十篇古者天子諸侯皆有史官唯書法信實者行于世秦漢罷黜封建獨天子之史存然史官或怯而阿世貪而曲筆虛美隱惡不足考信則儒學處士必私有記述以伸其志將來賴之以證史官之失其功亦大矣以司馬遷之傳聞猶采數家之言以成其書况其下者乎亦有聞見單淺記録失實胸臆偏私褒貶弗公以誤後世在觀者慎擇而已矣

晉孔晁注周書十卷按隋唐經籍志藝文志皆稱此書得於晉太康中汲郡魏安釐王冢孔晁注或稱十卷或八卷大抵不殊若此則晉以前初未有此也然劉向所録及班固並著周書七十一篇且謂孔子删削之餘而司馬遷史記武王克殷事盖與此合豈西漢世已得入中秘其後稍隱學者不道及盜發冢乃幸復出邪篇目比漢但闕一耳必班劉司馬所[illegible]繫之汲冢失其本矣書多駮辭宜孔子所不取

戰國處士私相綴續託周爲名孔子亦未見古章句
或舛訛難讀聊復傳寫以待是正巽巖李燾
夫子定書爲百篇矣孟子於武成取其二三策謂
血流漂杵等語鄰於誇也今所謂汲冢周書者類
多誇詡之辭且雜以詭譎之說此豈文武周公之
事而孔孟之所取哉然其間畏天敬民尊賢尚德
古先聖王之格言遺制尚多有之至於時訓明堂
記禮者之所采錄克殷度邑司馬遷之所援據是
蓋有不可盡廢者晉狼瞫曰周志有之勇則害上
不登於明堂其語今見之篇中此吾夫子未定之

書也漢蕭何云周書曰天予不取返受其咎此則夫子既定之後而書無此語意者其在逸篇乎其後班固志藝文書凡九家有周書七十一篇劉向云周時誥誓號令蓋孔子所論百篇之餘也以兩漢諸人之所纂記推之則非始出於汲冢也明矣惜乎後世不復貴重文字日就舛訛予始得本於李巽巖家脫誤爲甚繼得陳正卿本用相參校脩補頗多其間數篇尚有不可句讀脫文衍字亦有不容強解者姑且刻之俟求善本更加增削庶使流傳以爲近古之書云嘉定十五年夏四月十一

日東徐丁黼謹識